Dogs in the City

Katharina von der Leyen

# Dogs in the City

**KOSMOS**

Mit 42 Fotos von Katharina von der Leyen
und einem Foto von Achim Hatzius (Tafel 14).

Unser gesamtes lieferbares Programm und viele
weitere Informationen zu unseren Büchern,
Spielen, Experimentierkästen, DVDs, Autoren und
Aktivitäten finden Sie unter **www.kosmos.de**

1. Auflage 2009

© 2008, Franckh-Kosmos Verlags-GmbH & Co.KG, Stuttgart
ISBN 978-3-440-11336-3
Printed in the Czech Republic/Imprimé en République tchèque

*Ein gut erzogener Hund wird keinen Versuch machen, etwas von Ihrem Mittagessen abzubekommen. Er wird Ihnen nur solche Schuldgefühle vermitteln, dass Sie Ihr Essen nicht genießen werden.*

Doris Day

*Das Leben von Hunden ist zu kurz. Das ist eigentlich ihr einziger Fehler.*

Agnes Sligh Turnbull

*Jeder Hund sollte einen eigenen Menschen haben. Es geht doch nichts über eine wohlerzogene Person im Haus, die für den Hund das Bett aufschüttelt oder ihm sein Abendessen bringt, wenn er Abends todmüde nach Haus kommt.*

Corey Ford

# I

Theo, dem Mops, schwante Übles. Er verfolgte mich hartnäckig rund um die Uhr, indem er sich auf Schritt und Tritt an meine Fersen dockte, um auf keinen Fall irgendetwas Unvorhergesehenes zu verpassen. Sobald ich irgendwo stehen blieb, setzte er sich auf meinen rechten Fuß als personifizierte Fußfessel. Gewöhnlich äußerst komfortorientiert, schoss er hoch, sobald ich den Raum verließ. Ich hatte einen beigefarbenen Acht-Kilo-Stalker. Er versuchte sogar, in meinem Schlafzimmer zu übernachten. Das habe ich vor langer Zeit abgeschafft, Begleithund hin- oder her. Hunde, egal, wie klein sie sind, werden im Bett zu riesigen, platzbedürftigen Dinosauriern, und im Laufe der Nacht endet der Mensch schließlich bescheiden zusammengerollt in einer Ecke des Bettes am Fußende und sieht bald seinen Chiropraktiker häufiger als seine besten Freunde. Abgesehen davon schnarcht Theo so laut, dass in seiner Gegenwart an Schlaf nicht zu denken ist: als führe ein Trecker durchs Bett. An massivem Schnarchen sind schon die besten Ehen gescheitert – in Theos Fall möchte ich es nicht so weit kommen lassen.

„Aber er macht einen etwas bekümmerten Eindruck", sagte der Mann in meinem Leben, der übrigens durchaus mein Bett teilt.

Als hätte er das Recht, mir Schuldgefühle einzureden: Er wird nur am Wochenende und nach Ende der allgemeinen Geschäftszeiten von Theo verfolgt, während ich rund um die Uhr beschattet werde.

„Er ahnt, dass sich etwas verändert", meinte der Mann. „Er will dich wahrscheinlich unterstützen."

Unterstützen? Mich? Theo? Meine Pudel Luise und Ida sind offen und gutherzig und ziehen mich tatsächlich anderen Menschen vor. Theo dagegen entspricht absolut seiner Rasse: Das Markenzeichen der Mops-Persönlichkeit ist deren völlige Gleichgültigkeit gegenüber den Wünschen und Bedürfnissen ihrer Besitzer. Manche Hunde geben sich wirklich Mühe, es ihrem Herrn recht zu machen – Möpsen dagegen geht es ausschließlich um sie selbst.

Weshalb mich Theos Persönlichkeitsveränderung zutiefst irritierte. Unter normalen Umständen verlässt er das Haus nur, wenn ich ihn wortreich darum bitte. Seine Vorstellung von einem gelungenen Spaziergang ist ein kleiner Ausflug zum Bioladen, der 50 Meter von unserer Haustür entfernt liegt, wo er sich ein paar Kekse oder ein Stück Biokäse reichen lässt, um dann auf dem Absatz umzukehren und erstaunlich flink wieder nach Hause zu traben. Die Tatsache, dass ich ihn täglich nötige, etwa drei Stunden spazieren zu gehen, hilft seiner Laune grundsätzlich nicht weiter. Er teilt mir mehrfach am Tag missmutig schnorchelnd mit, er sei zum Salonhund geboren – von langen Spaziergängen durch Wald und Wiesen sei in seinem Kaufvertrag keine Rede gewesen.

Wenn ich nun allerdings mit den Autoschlüsseln klapperte, raste Theo hinter mir her, galoppierte die Treppen hinunter und warf sich trotzig auf den Beifahrersitz. Ich kam mir vor wie Miss Daisys Chauffeur. Er benahm sich, als nahe das Ende unseres bisherigen Lebens.

Mit dieser Vermutung lag Theo allerdings phänomenal richtig: Ich sollte zu ihm und den beiden Großpudeln Luise und Ida einen weiteren Hund dazu bekommen, ein kleines Italienisches Windspiel. Bevor ich Theo allerdings bei einem Hellscher-Portal anmelde, muss ich zugeben, dass er nach zwölfjähriger Beziehung mit mir die Zeichen erkennt: Er weiß, wie es aussieht, wenn ich mich für einen Neuzugang bereit mache. Ich kaufe niedliche dünne Leinen, krame sehr kleine Futternäpfe heraus, plane meine Abwesenheitszeiten der nächsten fünf Monate sehr genau und bin generell etwas nervöser.

„Vielleicht mache ich einen großen Fehler?", fragte ich den Mann. „Was ist, wenn Theo den neuen Hund hasst?"

„Er hat auch die Pudel akzeptiert", beruhigte der Mann mich. „Die immerhin viermal so groß sind wie er."

„Das ist länger her. Jetzt ist er ein alter Hund, der viel mit mir durchgemacht hat. Vielleicht ruiniere ich die wenigen glücklichen Jahre, die er noch hat?"

Natürlich war das nur eine Ersatz-Panikattacke. Kurz vorher bekommt man immer Angst vor der neuen Aufgabe, die ein junger Hund bedeutet. Man fragt sich, ob man wirklich vier Hunde braucht – zumindest ich frage mich das, andere Menschen haben im Gegensatz zu mir nicht mehr Haustiere als Möbel –, ob man sein Leben mit vier Hunden in den Griff bekommt und ob man jemals wieder verreisen kann. Oder ob man irgendwann komisch wird, sich überhaupt nur noch mit seinen Tieren unterhält und eines Tages mit siebenundzwanzig Hunden in einer vollständig gekachelten Behausung auf Gartenmöbeln lebt, weil sowieso alles andere egal ist. Ich meine: Hundebesitzer sind nachweislich seltsam, das müssen Sie zugeben. Sie empfinden keinerlei Würgereiz, wenn sie Hundehaufen aufsammeln und in kleinen bunten Plastiktüten verstauen, sie können sich stundenlang über die richtige Ernährung ihrer Vierbeiner Gedanken machen, streuen gemahlene Algen über Frischfleisch und pürieren Salat, Bananen, Zucchini und Karotten, während sie sich selber hauptsächlich von Keksen und Ben & Jerry's-Eiscreme ernähren, fahren praktisch nie in die Ferien und kaufen sich stattdessen lieber gewaltige Autos, damit die Hunde es bequemer haben.

„Du redest nicht von Hundehaltern im Allgemeinen, sondern von dir", sagt der Mann dazu.

Hm. Ohne rechthaberisch wirken zu wollen: Welcher normale Mensch hält es denn für einen Liebesbeweis, wenn ihm ein Hund mit der Zunge einmal zärtlich übers Ohr fährt, nachdem er gerade einen grün schillernden, sieben Wochen alten Fischkadaver untersucht hat? Und ich bin mit dieser Haltung nicht allein. Wir Hundebesitzer sind viele.

„Ich glaube, wir sollten dein Verhältnis zu Hunden untersuchen", sagte der Mann einmal.

„So viel Zeit hat doch kein Mensch", gab ich zurück. „Das kann Jahre dauern."

# 2

Ich habe einen Hundetick. Das ist unbestritten. Manche Leute haben einen Schuh- oder Handtaschenfimmel, ich habe einen Hundefimmel. Was bedeutend aufwändiger ist, aber auch lustiger. Schuhe bringen einen eher nicht zum Lachen (und wenn doch, ist das kein gutes Zeichen), aber dafür manchmal zum Weinen. Handtaschen sind in der Anschaffung fast genauso teuer wie Hunde und riechen auch besser, wenn sie nass sind, aber dafür springen sie nicht durch Reifen und holen mir kein Taschentuch, wenn ich niese.

Natürlich sind meine Eltern schuld. Die haben in meiner Prägephase eindeutig Fehler gemacht. Schon als Kind konnte man mich am besten beschäftigen, wenn man mich einfach in irgendeinen Stall, einen Käfig oder vor ein Aquarium setzte. Von Tigern bis hin zu Hakenwürmern begeisterten mich alle Tiere. Als ich drei Jahre alt war, schenkte mir meine Mutter ein Buch namens *Mrs. Beastons Tierklinik,* die Geschichte einer sehr großen, dünnen Dame mit etwas wirren Haaren, die in einem riesigen Haus mit furchtbar vielen Tieren lebt. Dieses Buch halte ich für den Auslöser meiner Fixierung: Kinder, die mit Rotkäppchen aufgewachsen sind, haben zweifellos ein distanzierteres Verhältnis zu Haustieren. Keine Puppe interessierte mich, solange ich sie nicht auf eines meiner Spielzeugpferde setzen konnte. Wenn andere Mädchen „Vater, Mutter, Kind" spielten, spielte ich „Bauernhof". Mit fünf Jahren kaufte ich mir von meinem selbst ersparten Geld ein schwarz-weißes Meerschweinchen in einem Hamburger Zoogeschäft, das an der Stelle war, an dem heute ein überflüssiges Mini-Kaufhaus

namens „Kaufrausch" steht. Es folgten Kaninchen, Streifen-
hörnchen, Kanarienvögel, Wellensittiche, Katzen, Mäuse, Sa-
lamander, Eidechsen, Schildkröten, Pferde und Hamster, und
irgendwann betrat meine Familie mein Zimmer nicht mehr.
Meine Mutter zeigte schon damals, dass sie eine Heilige war,
indem sie mir eine Leidenschaft erlaubte, die sie selber kein
bisschen nachvollziehen konnte.

Einen Hund bekam ich leider nie, obwohl ich mir verzweifelt einen wünschte, und da liegt wahrscheinlich der tiefen-
psychologische Grund (oder Hund, haha) begraben, weshalb
ich heute eigentlich nie weniger als drei Hunde um mich herum habe. Wie die meisten Leute habe ich Hunde, weil sie so
aufrichtig und begeisterungsfähig sind. Man kann zu seinem
Hund völlig blödsinnige Dinge sagen, und er wird einen mit
einem Gesichtsausdruck ansehen, der sagt: „Mein Gott, du
hast so RECHT! Wie KLUG du bist!" Schon deshalb halten wir
unsere Hunde für intelligent und übersehen ganz, dass sie
den Großteil ihrer Freizeit damit verbringen, einander mit der
Nase am Hinterteil des andern zu umkreisen. Hinter ihrem
seelenvollen Blick vermuten wir tiefe Gedanken – und weil
der Durchschnittshund recht wortkarg ist, hat er nur wenige
Möglichkeiten, uns eines Besseren zu belehren. Hunde haben
Kindern gegenüber einige Vorteile: Sie widersprechen nicht,
müssen nicht jahrelang Französischvokabeln abgefragt werden und nehmen auch keine Drogen. Dafür wälzen sie sich in
unaussprechlichen Dingen.

Hunde machen das Leben wirklich angenehm. Man be-
ginnt den Tag mit Enthusiasten: „Schon *wieder* ein neuer Tag!
Ist das nicht *großartig*?", fragen sie bei meinem Anblick begeistert jeden Morgen. Ich kenne sonst niemanden, der diese Einstellung Tag für Tag durchhalten kann. Sie sind grundsätzlich
sehr entspannt und haben einen wundervollen, albernen Sinn
für Humor. Es mangelt ihnen zwar an Weltklugheit, dafür sind

sie nicht affektiert und außerdem unglaublich großzügig. Wir beanspruchen täglich und ständig ihre totale Hingabe, und sie lassen uns diesbezüglich nie hängen. Ein Hund kann sich nie damit herausreden, dass er gerade keine Zeit hat. „Heute nicht, Schatz, ich habe Kopfschmerzen" ist keine Entschuldigung für einen Hund. Er lebt rund um die Uhr auf zwei Ebenen gleichzeitig, der menschlichen und der der Hundwelt. So ein schizophrenes Leben muss auf Dauer anstrengend sein, was ein weiterer Grund ist, warum ich mehrere Hunde habe: Ich hoffe, dass es ausgleichend auf sie wirkt, wenn sie sich nicht nur mit meinen missverständlichen Forderungen auseinandersetzen müssen, sondern auch immer in ihrer eigenen Sprache kommunizieren können.

„Quatsch", sagt der Mann wenig einfühlsam. „Du hast mehrere Hunde, weil du es einfach schön findest und nicht genug haben kannst. Dir wäre jeder Grund recht, auch sieben oder acht zu halten."

# 3

Mir sind alle Hunde recht. Ich hatte Mischlinge, Rassehunde, Begleit- und Jagdhunde, gerettete und gefundene Hunde und Hunde vom Züchter. Einer meiner Hunde wurde mit seinen fünf Geschwistern auf meinem Bett geboren: Bella, eine Mischung aus Lhasa-Apso und Jack-Russell-Terrier, kam in Los Angeles zur Welt. Ihre Mutter Luna, eine kleine, graue Lhasa-Hündin, wartete mit der Geburt so lange, bis ich endlich zermürbt das Haus verließ, um essen zu gehen. Als ich zurückkam, empfing mich mein Kater im Hof mit empörtem Gemaunze. Ihm war der Geburtsvorgang, der in der Zwischenzeit stattgefunden hatte, offenbar zu aufregend verlaufen. Luna hatte die Welpenkiste, die ich für sie gebaut hatte, ignoriert und alle Welpen auf meinem Bett bekommen, bis auf einen kleinen Rüden, den sie sorgfältig in eine auf dem Fußboden liegende Valentino-Strickjacke gewickelt hatte. Die Welpen sahen aus wie Babyhamster, die genau in meinen Handteller passten, und Luna war unglaublich stolz.

Ihre Tochter Bella tat sich von Anfang an durch eisernen Willen hervor. Sogar als ihre Augen noch geschlossen waren, schien sie ihre Geschwister lästig zu finden. Sie öffnete als erster der Welpen die Augen, konnte am ehesten laufen und war sofort entschlossen, den Schlafkorb zu verlassen, egal wohin. Man hört ja immer, dass Einzelkinder zu bedauern seien: keine Geschwister zum Spielen, zu viel Aufmerksamkeit von den Eltern, stille, einsame Mahlzeiten. In Bellas Ohren klang das himmlisch. Sie fand ihre fünf Geschwister total überflüssig. Sie war der festen Überzeugung, dass große Familien Karnickeln vorbehalten bleiben sollten. Die im Übrigen zu ihrer großen Leidenschaft wurden. Sie war ein Jahr alt, als ich von Los Angeles nach Hamburg zog, mit zwei Siamkatern, zwei Hunden und einem Pferd im Gepäck. Bella ging praktisch direkt nach der Landung auf Kaninchenjagd. Die Nächte, die ich in Anorak über dem Schlafanzug, Gummistiefeln und mit Taschenlampe bewaffnet nach diesem Hund suchte, kann ich nicht mehr zählen. Ich habe Bella bei minus 14 Grad aus einem Fuchsbau ausgegraben, in den sie zwar mit Leichtigkeit hinein-, aber dummerweise nicht mehr herauskam, sie mit einem Frontlader aus einer Kaninchenhochburg gebuddelt und stundenlang in Pferdeställen gesucht, in denen sie, zur Statue erstarrt, schweigend vor einem Rattenbau verharrte.

Dabei sah Bella aus wie ein personifizierter blonder Hundeengel – eine Mischung aus Tatzelwurm und explodiertem Handfeger, der rein gar nichts von der buddhistischen Lebenshaltung seiner tibetischen Vorfahrenhälfte geerbt hatte. Bella war durch und durch Terrier, hart im Nehmen und unglaublich schlau, mit einem sehr ausgeprägten Sinn für Humor. Ihre mittelbraunen Augen waren schwarz umrandet, ihr Gesichtsausdruck vermittelte reine Unschuld. „Wenn du nur sprechen könntest", seufzte meine ältliche Nachbarin manchmal, wenn sie Bella sah.

Ich persönlich bin gerade darüber sehr froh, dass meine Hunde nicht sprechen können. Sie brauchen es überhaupt nicht: Sie können ihre Gefühle und Wünsche selbst denen sehr deutlich machen, die nur über die rudimentärste Beobachtungsgabe verfügen. Bella war ein großartiger Kommunikator. Sie verfügte über ein ausdrucksstarkes Kläffen, ein eloquentes Schnüffelgeräusch und einen markanten Angstschrei, der alle Versuche von Unwissenden, sie zu bürsten, sofort unterbrach. Ihr Knurren klang geradezu vorbildlich bedrohlich: ein tiefes Grollen, das in den Herzen von Kleinvieh und zögerlichen

Postboten tiefe Furcht auslöste. Allerdings bekam sie davon Halsweh, weshalb sie es nur sehr selten einsetzte.

Bella wäre eine großartige Politikerin geworden. Statt auf Geräusch und Lautstärke setzte sie auf gezielte Schmeicheleien, eine unschuldige Miene und die Verbreitung bester Laune. Dort, wo man mit Gebell nicht weiterkommt, muss man eben Charme einsetzen. Fragen Sie meine Hunde. Der Schlüssel zu besserem Verständnis ist das, was Soziologen Körpersprache nennen. Die zart bittende Pfote, die bebende Schwanzspitze, der hypnotische Blick, die Schauer der Verzückung – das alles spricht lauter als tausend Worte, wenn ein Experte es einsetzt. Und Bella war ein Experte par excellence.

Weil sie so schlau war, langweilte sie sich leicht. Ihre Mutter war da ganz anders, ihr fehlte gewissermaßen der Pioniergeist. Sie ließ sich nur selten überreden, sich Bellas Erkundungstouren anzuschließen. Sich selbst überlassen, machte Bella einen kleinen Rundgang durch die Wohnung, scannte die Küche nach irgendwelchen essbaren Beweisen für nachlässige Haushaltsführung, untersuchte Türen und elektrische Kabel, die sie vorsorglich zerbiss, um möglichen Schaden vorausschauend zu verhindern, räumte Teppiche um und machte sich grundsätzlich nützlich.

Eines Tages hatte sie entdeckt, dass die Tür zum Gästezimmer offen war. Das Gästezimmer ist absolut hundefreie Zone, was die Hunde partout nicht einsehen wollen. Sie finden, je ungestörter Gäste sein dürfen, desto mehr werden sie dazu verleitet, länger zu bleiben, was die tägliche Routine nur unnötig durcheinanderbringt. Hunde besitzen nämlich die Lebenseinstellung von Beamten: Sie mögen ihr Leben übersichtlich und geordnet, Ausnahmen schätzen sie nicht. Also lassen sie keine Gelegenheit aus, eventuellen Gästen deutlich zu machen, dass ihr Aufenthalt nur begrenzt erwünscht ist. Beispielsweise bekommen sie jedes Mal, wenn der Gast nach längerer Zeit aus dem Bad kommt, einen hysterischen Anfall, als hätten sie ihn in der Zwischenzeit völlig vergessen. Theo neigt dazu, das Gepäck nachhaltig zu markieren, während meine braune Pudelin Ida den Dingen gerne auf den Grund geht, indem sie fremdes Gepäck untersucht und dabei vollständig auspackt. Der Zutritt zum Gästezimmer ist meinen Hunden also aus gutem Grund verboten.

Bella wollte das Übel offenbar schon verhindern, bevor es eintreffen konnte, und entschied sich für ein paar Änderungen. Sie hopste auf das weiche Bett mit der antiken Tagesdecke und sprang ein paar Runden darauf herum. Die Anordnung der Kissen am Kopfende missfiel ihr offensichtlich. Sie waren in einer Reihe angeordnet, was für einen menschlichen Körper, der der Anlehnung bedarf, durchaus bequem ist, aber kein geeignetes Arrangement für einen Hund zu sein scheint. Hunde mögen es, wenn sie in einer Art Nest schlafen. Vielleicht fühlen sie sich dann wieder wie in Mutters Bauch, obwohl ich sicher bin, dass Bella nicht an einer Widerholung dieser Lebensphase interessiert war: Sie musste den wenigen Platz mit fünf anderen teilen und fand es eher eng. Nichtsdestotrotz begab sie sich an die Arbeit, um die Kissen in die Mitte des Bettes zu zerren, bis sie in etwa ein rundes Nest bildeten. Sie kratzte, riss und ruckte, legte sich schließlich in die Mitte und schlief zufrieden ein.

Dort fand ich sie ein paar Stunden später. Sie lag gemütlich ausgestreckt auf dem Rücken zwischen zerfetzten Kissen, die wundervolle alte Tagesdecke hatte lange Risse, und bei jeder Bewegung flogen Federn wie Schneeflocken durchs Zimmer. Unsanft durch meine Entsetzensschreie geweckt, öffnete Bella die Augen, sprang vom Bett und raste in ihren Korb, wo sie sich neben ihrer Mutter zusammenrollte. Sie hoffte offensichtlich, ich würde Luna für die Schuldige halten, und ignorierte gänzlich, dass ich sie gerade erwischt hatte. Während ich ihr mit erhobener Stimme ihre Vergehen und ein zerrissenes Kissen vorhielt, betrachtete sie mich die ganze Zeit mit interessiertem, nonchalantem Gesichtsausdruck, als habe sie mit der ganzen Sache nichts zu tun. Tatsächlich versuchte sie rechtzeitig herauszufinden, wie hart der Richtspruch ausfallen würde. Das Rechtssystem ist eine komplizierte Angelegenheit, die schwer einzuschätzen ist, auch in unserem Haus. Für manche Delikte gibt es physische Strafen wie Schnauzengriff und/oder zeitweiliges Exil, für andere nur eine mündliche Verwarnung und eine halbe Stunde auf Bewährung mit Straferlass bei guter Führung.

Bella merkte sehr wohl, dass es in diesem Fall zu einer Höchststrafe kommen würde, also gab sie alles, ihr komplettes Pardon-Repertoire. Dafür ist fortgeschrittene Körperdynamik notwendig. Als Erstes rollte sie sich auf den Rücken und wackelte hilflos mit ihren Beinen. Diese Geste löst beim Menschen gewöhnlich ein schlechtes Gewissen aus und besänftigt die Laune beträchtlich. Anschließend wedelte Bella, immer noch auf dem Rücken liegend, so ausdrucksvoll, wie das in dieser Position möglich war. Sobald sie spürte, dass der Moment sich etwas entspannt hatte, setzte sie sich auf und berührte die nächste erreichbare Wade mit ihrer sehr kleinen Pfote – eine Geste, die Menschen gewöhnlich ganz reizend finden. Falls man sich nun aufs Sofa oder einen Sessel setzte, sprang sie anmutig neben einen und legte einem mit dem vollen Gewicht von etwa 600 Gramm ihren niedlichen Kopf auf den Schoß. Normalerweise löste dies einen Kraul-Automatismus aus, und dann wusste sie, dass alles vergeben und vergessen war. Meine Pudelhündin Luise hatte eine Zeit lang ein weiteres Element in ihr Programm aufgenommen, indem sie ihren Kopf von unten in die nächste zur Verfügung stehende Hand stieß. Das machte sie so lange, bis sie eine Hand erwischte, die ein Glas Rotwein hielt, was den Zauber des Moments empfindlich störte.

Bella dagegen war nach jahrelanger Übung ein Vollprofi im Erringen von Verzeihung. So auch diesmal. Wenn es darum ging, mein verhärtetes Herz zu erweichen: Bella schaffte es immer.

# 4

Zu Bella gesellte sich irgendwann Emily, eine schwarze Mopshündin, und schließlich der beigefarbene Theo. Das war Zufall und keine ästhetische Entscheidung, obwohl ich Mopsbesitzern generell raten würde: Wer bevorzugt Schwarz trägt, ist mit einem schwarzen Mops gut beraten; wer mehr helle Brauntöne trägt, sollte sich unbedingt für einen beigefarbenen Mops entscheiden. Wenn sie auf dem Schoß haaren, was Möpse andauernd tun, sieht man die Haare weniger. Ich trage beides, deshalb bin ich eigentlich ständig von Mopshaaren sichtbar übersät.

Möpse leben am liebsten paarweise und schlafen auch bevorzugt auf einem Haufen. Ein weiterer Punkt auf meiner Rechtfertigungsliste, warum ich möglichst immer mehrere Hunde halte, ist, dass sie sich so gut miteinander amüsieren. Es ist ein bisschen so, als hätte man den „Ruf der Wildnis" im Wohnzimmer, nur ohne sterbende Antilopen.

Theo war von Welpenbeinen an anders als die anderen Hunde. Wenn es kalt ist, weigert er sich, das Haus zu verlassen. Wenn ich ihn trotzdem zwinge – irgendwann muss schließlich jeder aufs Klo –, bleibt er zitternd stehen und hebt jammervoll die kalten Pfoten. Wenn er sich im Freien hinsetzen soll, sucht er sich zuerst einen fremden Fuß, auf dem er sich gemütlich niederlässt, damit er trocken sitzt. Die jeweiligen Angehörigen der Füße bleiben mit entzückter Verwirrung über den kleinen blonden Anker so lange stehen, bis Theo irgendwann beschließt weiterzugehen. Ich kann mich nicht erinnern, dass ihm jemals jemand den Schuh unterm Hintern weggezogen hätte. Es gab allerdings einmal einen Herrn in München, der Theo unbedingt fotografieren wollte, und als der immer wieder hinterherkam, um sich auf dessen weiche Turnschuhe zu setzen, zog der Mann irgendwann einen davon aus, damit Theo in Position blieb, und fotografierte ihn strumpffüßig.

Das Zusammenleben mit Theo ist so, als teile man das Haus mit einer Acht-Kilo-Version von Mussolini. Früher weckte Theolini mich jeden Morgen um sechs Uhr wie der Reisewecker des Satans. Sein kleiner Käuzchenkopf erschien über dem Rand meines Bettes, während er unter Grunzen herauszuhören versuchte, auf welche Schlafphase die Regelmäßigkeit meiner Atmung hinwies. Wenn er feststellte, dass ich noch im Tiefschlaf lag, hopste er aufs Bett und fuhr mir mit seiner kurzen Nase so lange im Gesicht herum, bis ich ihn nach draußen brachte. Es ging ihm nie darum, sich zu erleichtern – was sollte er so früh im kalten Garten? Mich zu nachtschlafender Zeit zu wecken, gehörte einfach zu seinen Lieblingsritualen.

Größenwahn ist eine der hervorstechendsten Eigenschaften von Möpsen. Sie haben keinerlei Verhältnis zu ihrer Körpergröße. Irgendwann haben sie einmal gehört, sie seien mit Mastiffs verwandt – ein Irrtum, der längst aufgeklärt wurde, aber sie halten eisern an dieser Legende fest. Theo ist der festen Überzeugung, er sehe mindestens aus wie eine Bordeaux-Dogge. Er ist nicht nur ein echter Kerl, sondern ein Hund mit einem ungeheuren Gerechtigkeitssinn: Sobald zwei Hunde miteinander in Konflikt geraten – sei es, dass sie lautstark spielen, sei es, dass sie sich wirklich in die Haare bekommen –, geht Theo mit aufgerissenen Bette-Davis-Augen dazwischen und verteilt gut sitzende Kinnhaken. Würde er beißen, käme er mit seinem absurd geformten Kiefer nicht weit, aber im Boxen ist er Weltmeister und weithin gefürchtet. Unglücklicherweise geht er auch dazwischen, wenn völlig fremde Hunde sich streiten. Neulich nachts in unserer Nachbarschaft waren es ein Rhodesian Ridgeback und ein grimmig aussehender Pitbull, dessen Besitzer immer mit einem elektrischen Schock-Stock unterm Arm spazieren geht, und die beiden Hunde machten tiefe grollende Geräusche, die mir das Blut in den Adern gefrieren ließen. Theo schoss plötzlich los und donnerte wie eine blonde Kanonenkugel erst dem einen, Sekundenbruchteile später dem anderen Hund von unten krachend gegen den Kiefer – woraufhin beide Hunde völlig konsterniert voneinander abließen und ihrer Wege zogen. Ich bin ja der festen Überzeugung, dass der liebe Gott Dummheit beschützt, wenn sie nur groß genug ist.

Emily liebte Theo und bewunderte jeden seiner Schritte. Sie war Theos Schatten und sein siamesischer Zwilling, die beiden machten nichts ohne den anderen. Wären glückliche Ehen unter Menschen nicht so selten, würde ich ihre Freundschaft als Ehe bezeichnen. Leider litt Emily an ungefähr jeder Krankheit, die man überhaupt nur haben kann, vom Herzfehler über Lungenödem bis hin zu Arthrose. Wohl aufgrund ihrer Arthrose bestand sie in ihrem letzten halben Jahr immer häufiger darauf, alleine zu schlafen – was Theo überhaupt nicht begreifen wollte. Dabei kommt das Phänomen der getrennten Schlafzimmer offenbar früher oder später in den meisten Ehen vor, auch ganz ohne körperliche Schmerzen.

Schließlich halfen alle Tabletten, alles Tragen bei den Spaziergängen nichts mehr, und ich musste Emily einschläfern lassen. Wir gruben ein tiefes Loch im Garten, während sie in der kleinen Tasche lag, in der ich sie zuletzt auf den Spaziergängen getragen hatte. Theo saß die ganze Zeit wie festgewachsen neben der Tasche.

Es dauerte drei Monate, bis er wirklich begriffen hatte, dass Emily nicht einfach nur verreist war, sondern nicht wiederkommen würde, und er wurde richtig krank. Er bekam eine furchtbare Nebenhöhlenentzündung, die wir über lange Zeit nicht in den Griff bekamen, ihm lief die Soße nur so aus der Nase, er bekam keine Luft, hatte offensichtlich Kopfweh und litt wirklich sehr. Es gab kein Medikament, keine alternative Behandlung, die wir nicht ausprobierten, und nichts, worauf er angesprochen hätte. Ich versuchte, ihm eine schwarze Ersatz-Möpsin zu schenken: Er lehnte sie so scharf ab, wie er noch nie auf irgendeinen Hund reagiert hatte, also gab ich die kleine Hündin zurück. Über Theos Haupt schwebte hartnäckig eine schwarze Wolke, sein Gesicht wurde ganz weiß vor Gram. Er brauchte zwei Jahre, um über Emilys Tod hinwegzukommen.

# 5

Nachdem Theo einen Ersatz-Mops abgelehnt hatte, beschloss ich, mich nach einem Hund für mich selbst umzusehen. Königspudel – oder Großpudel, wie man sie seit der Einführung der Demokratie nennt – haben mir schon immer gut gefallen: Ich habe gerne klassische, altmodische Rassen. Dass der Pudel so verkannt ist – als Omahund verschrien, dabei doch eigentlich ein Jagdhund –, dass er aus der Mode gekommen ist und sich dementsprechend Degenerationserscheinungen in Grenzen halten, dass er sportlich und gut gelaunt ist – all diese Attribute gefielen mir. Und wenn ich ehrlich bin, sorgt in einem Mehrhundehaushalt die Tatsache, dass Pudel nicht haaren und so gut wie nicht „nach Hund" riechen, für zusätzliche Attraktivität.

Ich machte mich auf Pudel-Shoppingtour quer durch Deutschland. Ich wollte keinen Welpen, weil ich damals in einem sehr hohen vierten Stock ohne Aufzug wohnte und nicht viermal am Tag im gestreckten Schweinsgalopp mit einem 15-Kilo-Hündchen mit gefüllter Blase auf dem Arm die Treppen hinauf- und hinunterrennen wollte – obwohl ich dadurch nach kürzester Zeit sicher einen Hintern aus Stahl und Bauchmuskeln aus Eisen bekommen hätte. Ich suchte eine schwarze Hündin, etwa sieben, acht, neun Monate alt, aus dem Allergröbsten raus, aber noch albern genug.

Was ich in deutschen Pudelzuchten zu sehen bekam, übertraf meine kühnsten Träume. Hundezüchter sind eine ganz eigene Spezies, die alle Hunderassen außer der eigenen mehr oder weniger für artfremden Abschaum halten. Zur Neutralität sind sie ungefähr so fähig wie Mütter auf dem Spielplatz, also absolut voreingenommen und blind gegenüber eventuellen Unzulänglichkeiten der Hunde, die sie seit Jahren lieben und züchten. Aber Pudelzüchter schlagen alles. Sie sind besessen von ihren Hunden. Sie richten ihr Leben vollständig nach ihren Pudeln aus, die es ihnen danken, indem sie Haus und Inventar vollständig übernehmen. Mit Charme natürlich, aber dennoch gilt für sie: Dein Schoß ist mein Schoß, und alles andere gehört mir ebenfalls.

Bei einer Züchterin saß ich am Küchentisch, mit zwei gewaltigen schwarzen Pudeln in Continental-Schur sozusagen auf meinem Schoß, eine apricotfarbene Kleinpudelhündin hinter mir auf meinem Stuhl, und eine würdevolle große, braune Hündin machte sich die Mühe, mein Mineralwasser, das vor mir in einem Glas auf dem Tisch stand, vorzukosten. Offenbar zog sie stilles Wasser vor, denn sie rümpfte die Nase. Die Züchterin kam überhaupt nicht auf die Idee, mir ein neues Wasser anzubieten.

Wer Pudel und ihre Züchter nicht so gewohnt ist, dem machen die Frisuren der Ausstellungshunde, von denen die meisten Züchter gleich mehrere zu Hause haben, etwas zu schaffen. Es ist eine Sache, den wolligen Pudel aus charakterlichen Gründen zu lieben, und eine ganz andere, sich mit einem Hund konfrontiert zu sehen, der auf dem Kopf fest geflochtene, abstehende Zöpfe trägt wie Pippi Langstrumpf auf Speed (die Ausstellungs-Löwenmähne wird im Privatleben mithilfe von eingeflochtenen Zöpfen vor Ungemach geschützt), mit nackt geschorenem Hintern und Puscheln um die Füße. Den Pudeln sind ihre Frisuren Gott sei Dank egal, sie benehmen sich mit Haartracht genauso albern wie ohne. Dabei übertreffen ihre Frisuren übrigens gewöhnlich bei Weitem die ihrer Züchter, die offenbar nach dem bis zu fünf Stunden dauernden Stylingprogramm – für einen einzigen Hund, und der

normale Züchter hat natürlich mindestens fünf – nicht mehr
die Kraft haben, auch mal aus ganz persönlichen Gründen eine
Bürste in die Hand zu nehmen.

Im Haus eines Züchters stand in der Mitte eine Art riesiger
hölzerner Babylaufstall, in dem zwei Würfe Babypudel saßen,
während die Familie drum herumlebte, damit die Kleinen auch
vorbildlich auf tägliche Geräusche wie Staubsauger, Volksmu-
sik und Topfgeklapper geprägt würden. Hinter einer Glaswand
lag ein Wohnzimmer mit Ledercouchgarnitur, hübschem Teppich und Wohnzimmerschrank, sozusagen staubfrei verpackt.
Das Ganze sah vollkommen unberührt aus: ein Wohnzimmer
in einer Vitrine, wie ein Echo aus einem früheren Leben, als es
noch nicht vollständig von Pudeln dominiert wurde.

Vom Leben im Glashaus bin ich weit entfernt. Trotzdem –
oder gerade deshalb? – wurde mir bei den Fragen, die mir die
Züchter stellten, langsam mulmig. Ich begann zu zweifeln, ob
ich eines Pudels überhaupt würdig war.

„Wie viele Hunde haben Sie? Bisher drei? Aha." Ein ernster
Blick zum Gatten. „Ich finde ja nicht, dass man zu viele Hunde
halten sollte. Man kann die emotionalen Bedürfnisse der Einzelnen kaum noch befriedigen." Ein interessanter Standpunkt
angesichts der Tatsache, dass kein Pudelzüchter, den ich besuchte, weniger als neun, zehn Hunde hielt. Hinter jeder Tür
rumorte es, bei manchen Züchtern saß selbst im Badezimmer
noch ein kompletter Wurf junger Pudel.

Als nächstes musste ich schwören, dass ich nicht schwanger
war und derlei innerhalb der nächsten zwei Jahre auch nicht
plante.

„Ein Säugling verändert das Leben von Grund auf", erklärte
die Züchterin streng. „Ein junger Hund braucht aber zwei
Jahre, um wirklich gefestigt zu sein."

Ich gelobte, dem Tier nicht vorsätzlich einen Angstkomplex
beizubringen. Dass ich zu Hause arbeitete und meine Hunde

nicht stundenlang allein ließ, wurde mit einem befriedigenden Nicken kommentiert – Gott bewahre, dass der Pudel ein Schlüsselhund werden würde! Ich überlegte kurz, ob es in den Augen der Pudelzüchter für mich sprechen würde, dass ich gewöhnlich auch abends gegen zwölf ins Bett gehe und dementsprechend alle Partys und Veranstaltungen rechtzeitig verlasse. Das Geheimnis meines Cinderella-Komplexes – und meines rosigen Teints – besteht darin, dass ich eben täglich selbst bei Sturm, Schnee oder Eis dreieinhalb Stunden mit meinem Kleinvieh durch die Landschaft spaziere und mein Körper ab einem gewissen Punkt seinen Schlaf verlangt.

Nach etwa einer Stunde war die Züchterin der Meinung, dass ich „wahrscheinlich" eine akzeptable Pudelhalterin werden könne. Nun durfte ich die Hündin, um deren Schicksal es ging, überhaupt erst sehen. Sie war acht Monate alt und hieß Fantasy. Dafür konnte sie nichts. Für ihre Frisur konnte sie ebenso wenig – sie trug einen sogenannten „Puppy-Clip", mit dem junge Großpudel in etwa wie Gorillas aussehen: In die weiche Babywolle wird eine Art Taille hineingeschoren, während die Beine mit üppigen „Hosen" verkleidet werden. Fantasy war sehr groß, sehr schwarz und sehr schön und hatte die hinreißendsten Mandelaugen, die ich je gesehen hatte. Sie war ein bisschen zurückhaltend, betrachtete mich aber mit freundlicher Aufmerksamkeit. Beim Kennenlern-Spaziergang in Begleitung ihrer Mutter und ihrer Schwester – Fancy – achtete sie gut auf mich, obwohl Fancy wie eine Besessene um uns herum fegte und sich alle Mühe gab, die angeleinte Schwester abzulenken.

Fantasy war mein Hund. Die Züchterin verabschiedete sie mit viel Getue. Als ich aber verkündete, dass das Pudelmädchen von nun an Luise heißen sollte, war sie kurz davor, es sich schon wieder anders zu überlegen. Ich nahm Fantasy-Luise an die Leine und machte, dass ich fort kam.

# 6

Luise stellte sich sehr bald als ein ganz besonderer Hund heraus. Zweifellos behaupten das 98 % aller Hundehalter von ihrem Hund, inklusive der Koreaner, die zu Hunden die gleiche Beziehung haben wie mein Bruder zu Serranoschweinen. Aber Luise ist wirklich anders als andere Hunde. Sie vereint alle Vorzüge der Gattung Pudel in sich: Sie ist Miss Personality, immer bestens gelaunt, mit großem Charme, einem sensationellen Gefühl für Humor und Komik und angeborener eleganter Zurückhaltung. Bei aller Eleganz und ihrem schwingenden Gangwerk war sie anfangs noch längst keine edle Dame, eher ein Rockstar, irgendwo zwischen Alice Cooper und Janis Joplin angesiedelt. Sie war höchstens eine Diva im Training.

Als wir zu Hause ankamen, ergaben sich zuerst Unstimmigkeiten mit Theo, dessen Napf sie, kaum hatte sie die Wohnung betreten, umgehend leer fraß. Theo, konservativ wie alle Möpse, fand dieses Verhalten wenig beziehungsförderlich und gab mir mit zutiefst gekränktem Ausdruck zu verstehen, dass er lieber verhungern wolle, als das riesige gefräßige Pudelmädchen weiterhin um sich zu dulden. Dieser Vorsatz währte allerdings nur bis zur nächsten Mahlzeit. Ein Mops, der die Nahrung verweigert, ist ein toter Mops.

Anschließend inspizierte Luise unsere Wohnung wie die Chefredakteurin einer Architektur-Zeitschrift. Sie betrachtete das große Samtsofa im Wohnzimmer und den bequemen Sessel. Sie nahm das breite Bett und den weichen Teppich im Schlafzimmer zur Kenntnis. In der Küche, in der meine Hunde in gemütlichen Körben ihre Nächte verbringen, prüfte sie den Boden – Kacheln, nicht einmal Marmor! – und stellte fest, dass in diesem Haushalt die Menschen ihre eigene Bequemlichkeit offenbar über die der Hunde stellten: ein schwerer Irrtum, der umgehend korrigiert werden musste, damit derlei nicht noch einmal passierte. Der Mann beobachtete amüsiert, wie Luise die Spielsachen, die ihre Züchterin ihr mitgegeben hatte, in unser Schlafzimmer schleppte. „Ich würde mal sagen: Dieser Hund weiß, was er will", meinte er.

Es war unmöglich, mit Luise zu diskutieren. In unserer ersten gemeinsamen Nacht bestand ich darauf, dass sie bei Bella und Theo in der Küche schlafen sollte. Sie protestierte; ich widerstand. Sie öffnete erst die Küchentür, dann die unseres Schlafzimmers – was ihr Theos tiefe Bewunderung einbrachte, war er selbst doch deutlich zu klein für solche Kunststücke –, erschien an unserem Bett und guckte wie eine verwundete Friedenstaube. Ich blieb stark.

„Du bist ein Hund, Luise", sagte ich und schickte sie zurück auf ihren Platz in die Küche. Vier Minuten später stand sie wieder neben unserem Bett.

„Ich liebe dich so sehr, wie kannst du mir das antun?", sagte ihr Blick, als ich sie streng zurück in die Küche brachte. Danach war Ruhe.

Mitten in der Nacht erwachte ich von einem leisen Geräusch: Die Schlafzimmertür ging auf, und herein schlich ein großer, schwarzer Hund, glitt über den Teppich und vom Fußende her ins Bett, arrangierte sich kunstvoll zwischen unseren Beinen und begann, leise zu schnarchen. Ich war so beeindruckt von ihren Anschleich-Fähigkeiten, dass ich Luise ließ, wo sie war.

Luise hat eine große Vorliebe für abseitige Nahrung, aber einen sehr empfindlichen Magen. In der zweiten Nacht bat sie mich, kaum hatte ich die Tiefschlafphase erreicht, mit einem scharfen, kleinen Beller, sie nach draußen zu begleiten. Während ich verschlafen hinter ihr hertaumelte, suchte sie nach Gras, das ihr passend zum Verzehr erschien. Dieses Projekt führte uns durch den gesamten nächtlichen Stadtteil, Luise immer voraus, ich wie eine Schlafwandlerin auf ihrer Fährte. Als wir wieder zu Hause angekommen waren, sank ich erschöpft ins Bett. Nach etwa einer Stunde bellte Luise erneut: Das Gras war mittlerweile verdaut. Ich stapfte wieder mit ihr nach draußen und fragte mich, ob es wirklich so eine gute Idee gewesen war, mir einen weiteren Hund anzuschaffen. Keiner der Möpse musste je in seinem ganzen Leben nachts aufs Klo. Für ihre persönliche Bequemlichkeit unterdrücken sie sogar Bauchweh.

Luises empfindliches Verdauungssystem ist sicher einer der Gründe, warum ich die Ernährung meiner Hunde äußerst sorgfältig gestalte. Was deren Grundnahrung betrifft, bieten sich mannigfaltige Möglichkeiten, unglaubliches Geld loszuwerden. Es gibt eine Trilliarde verschiedener Dosen- und Trockenfuttersorten, und es obliegt dem geschickten Fachberater, die teuerste Sorte an Herrchen oder Frauchen zu bringen. Hunde können das Zeug normalerweise nicht ausstehen.

Würden wir ihnen einfach das zu fressen geben, was sie unterwegs so aufsammeln und für ihre natürliche Nahrung halten – ausgespuckte Kaugummis, vergammelte Leberwurstbrötchen, vor Monaten verstorbene Fische, benutzte Papiertaschentücher oder Kuhfladen –, wir könnten unsere Hunde sehr glücklich machen. Stattdessen nötige ich meine Tiere einmal täglich unerbittlich, eigens aus England importiertes, kräuterhaltiges Futter aus richtigherum schwimmenden Lachsen und wilden Bisons zu fressen. Es sieht aus wie Hasenköttel, schmeckt aber offensichtlich nicht so. Als zweite Mahlzeit bekommen sie Frischfleisch mit püriertem Gemüse – unpüriert kann der Hundedarm Gemüse nämlich nicht aufschlüsseln. Zusätzlich rühre ich noch Kefir, Distelöl und Seealgen-pulver darunter. Während sie das Ganze mit langen Zähnen verspeisen, träumen sie von Cheeseburgern und Schokoladen-kuchen.

# 7

Luise war von Anfang an ein Männermagnet. Ich gebe zu, sie hat ein reizvolles Exterieur mit ihren dunklen Mandelaugen, den langen Beinen und dem dichten, lockigen Haar, so blauschwarz wie das von Elvis. „Sie ist wie eine Außerirdische mit übernatürlichen Kräften", sagt der Mann. „Wenn man sie zu lange ansieht, verliert man jeglichen Willen." Wo ich mit ihr auftauche, liegen auf offener Straße Männer zu unseren Füßen – wo Männer von Zeit zu Zeit natürlich auch hingehören. Lieber wäre mir allerdings, sie meinten meine Füße. Von wegen „Pudel sind keine Männerhunde"! Luise weiß das eine oder andere darüber, wie man Männer zum Winseln bringt. Sie ist ein richtiges Mädchen, und Männer lieben Mädchen. Verspielt und graziös, albern, aber niemals laut oder lästig. Luise arbeitet mit den Augen und gibt sich als International Woman of Mystery. Sie bettelt niemals. Wenn sie gestreichelt werden möchte, senkt sie in anmutiger Geste den Kopf und legt ihn mit sanftem Druck wie versehentlich ans Knie der auserwählten Person. Sie rennt auch nicht herum – "a lady walks and never runs". Luise rennt nur, wenn jemand hinter ihr her ist und überrascht dann mit den unglaublichen Haken, die sie schlagen kann. Wie Keira Knightley in *Kick It Like Beckham*, die als besonders hübsches Mädchen auch noch Fußball spielen kann: ein Jungstraum.

Einmal saß ich lesend im Café, als ich bemerkte, dass sich irgendetwas unter meinem Tisch abspielte. Die Menschen am Nachbartisch grinsten. Unter meinem Tisch sahen Männerbeine hervor. Ich war gerührt: Aus solchem Stoff werden große

Romane gemacht ... oder wenigstens mittelprächtige Pornos. Der Mann unter meinem Tisch kraulte den Bauch meines Pudelmädchens, das hingegossen auf der Seite lag und träge blinzelte. Der Mann strahlte verklärt. „Wunderschöner Hund", sagte er und klopfte sich die Hosenbeine ab beim Aufstehen. Man ist eben so wunderbar ansprechbar mit einem Hund. Deshalb werden Hunde ja auch immer als Flirtfaktor für Singles propagiert. Ich schenkte ihm also mein gewinnendstes Lächeln, damit er umgehend meinen entwaffnenden Charme und meine sprühende Intelligenz erkennen konnte. Er lächelte flüchtig zurück. „Man sieht Pudel ja nur noch selten." Sprach's und spazierte davon. Wer war hier eigentlich wessen Flirtfaktor?

Wenn ich mit Luise irgendwo auftauche, ist ihr große Bewunderung gewiss. Ist Theo dabei, erliegt das Publikum den beiden völlig. Neben der eleganten schwarzen Pudelin entwickelt Theo eine frappierende Ähnlichkeit mit Carlo Ponti: ein kleiner, ältlicher, etwas schlecht gelaunter Mann in Begleitung einer rassigen, langbeinigen Schönheit.

Als ich mir einmal ein Kleid kaufen musste, weil ich zu einem großen Fest eingeladen war, nahm ich die beiden mit, weil ich fand, es sei gut für ihre soziale Erziehung, und sowieso brauche ich nie sehr lange zum Einkaufen. Ich betrachte die Zeit, die ich in Umkleidekabinen verbringen muss, als Zumutung, nur vergleichbar mit dem Fegefeuer. Beim Betreten des edlen Geschäfts setzte Luise sich direkt vor den großen Spiegel und versperrte so den Blick einer Dame, die den Umfang ihres Hinterteils in einer Satinhose prüfen wollte. Luise dagegen sah aus, als habe sie keinerlei Anlass zu kritischen Blicken. Als eine Verkäuferin erschien, die so viel Schmuck trug, dass sie bei jedem Schritt rasselte wie ein Kutschpferd, trabte Theo auf sie zu, setzte sich auf ihre Schuhe und guckte sie mit seinem Bette-Davis-Blick an. Die Verkäuferin ging sofort gurrend in die Hocke, woraufhin Theo ihr ein halbes Pfund Estée-Lauder-Make-Up vom Gesicht leckte und ihr rasantes schwarzes Outfit großzügig mit blonden, pieksigen Haaren dekorierte. Die Verkäuferin nahm es strahlend hin. Theo übernahm den gesamten, recht vollen Verkaufsraum wie Hillary Clinton die Hallen auf ihrer Wahlkampftour, wobei er ab und zu seine scharfen Krallen über fremde 35-Euro-Woolford-Strumpfhosen harkte.

„Das sind ja gar keine Hunde", sagte eine Dame, die ganz vergessen hatte, dass sie hier viel Geld ausgeben wollte, und stattdessen mit Luise Ball mit einer Dekokugel aus einer großen Schale spielte. „Das sind ja richtige kleine Menschen, nur auf vier Beinen."

Bei aller Liebe habe ich meine Hunde immer als Hunde betrachtet, nicht als kleine haarige Personen, und ich wollte auch jetzt nicht anfangen, Ausnahmen zu machen.

„Hätten Luise und Theo gerne etwas zu trinken?", fragte die Verkäuferin.

„Nein, danke", antwortete ich. Ich hatte noch nicht einmal mit meiner Umkleide-Nummer angefangen, und Wasser, ein heller Teppich und ein junger Pudel, der noch keine ganz feste Meinung zum Thema Stubenreinheit hatte, schienen mir eine gefährliche Mischung zu sein.

Wie auf Kommando begannen beide Hunde, dramatisch zu hecheln. Theos kleine rosa Zunge entfaltete sich zu doppelter Größe. Die Verkäuferin lief hastig los, um eine Kristallschale und eine Flasche Evian zu besorgen. Die Art und Weise, wie die beiden Hunde sich auf die Schüssel stürzten, wäre angemessen gewesen, wenn sie einen Monat in der Wüste Gobi verbracht hätten.

„Die Armen sind ja ganz durstig", sagte die Verkäuferin und sah mich anklagend an.

Mir gefiel es nicht, dass eine völlig Fremde meine Qualifikation als gute Hundemutter in Frage stellte.

„Sie hatten etwas zu trinken, bevor wir losgegangen sind", verteidigte ich mich.

Luise und Theo lernten an diesem Vormittag alle Vorzüge der verschiedenen High-End-Boutiquen Hamburgs kennen. Obwohl ich kein Kleid fand, wurde ich doch in meinem ganzen Leben in diesen Geschäften noch nie so gut behandelt wie mit meiner haarigen Entourage. Die Hunde heimsten alle möglichen Souvenirs ein: Wasser in Flaschen, Käsescheiben, Quietschspielzeug, einen Reisewassernapf, sogar Knäckebrot mit Leberwurst. Mir wurde nicht einmal ein Mineralwasser angeboten, aber dafür guckte auch niemand beleidigt, als ich, ohne einen Kauf zu tätigen, wieder aus der Tür schlenderte.

Irgendwann, fürchtete ich, würde Luises Kinderblase einfach explodieren, aber ich lernte eine wichtige Lektion für die Zukunft: Genau wie die Königin von England würde Luise niemals ein profanes natürliches Bedürfnis zwischen sich und ihr Publikum kommen lassen.

# 8

Als Hundehalter ist man Teil einer wahnwitzigen Welt, in der „Platz machen" nicht mehr bedeutet, dass man etwas wegräumen will; in der die Grenzen zwischen Mensch und Tier in einer Weise verschwimmen, die manchen daran zweifeln lässt, dass es überhaupt Unterschiede zwischen Hunden und Menschen gibt. Eine Welt, in der die häufigste Anmache nicht „Was ist denn Ihr Aszendent?" lautet, sondern „Ist sie kastriert?", in der jeder Hundeblick für etwas Bestimmtes steht, jedes Bellen einem menschlichen Gedanken entspricht. Die meisten Hunde bekleiden den Rang eines vollwertigen Familienmitgliedes und werden dementsprechend mit menschlichen Maßstäben betrachtet und bewertet – ohne sich allerdings so zu benehmen.

Dementsprechend werden Verfehlungen des eigenen und erst recht die eines fremden Hundes unerhört persönlich genommen. Man ist gerne bereit, vom schwierigen Charakter eines Hundes sogleich auf den ebensolchen seines Herrn zu schließen und umgekehrt. Wenn einem der Herr nicht sympathisch ist, sollen die Hunde auch nicht miteinander spielen, als sei der Hund des anderen geeignet, den Charakter des eigenen nachhaltig zu verderben. Wenn der eine Hund den anderen mobbt, entstehen daraus auch persönliche Animositäten zwischen den Haltern. Wenn Hunde sich prügeln, sind die Menschen sich nicht zu schade, ebenfalls tätlich aufeinander loszugehen, und sei es, um den eigenen, beißenden Hund zu beschützen, den der andere Hundehalter im Versuch, die Hunde auseinanderzubringen, eventuell zu hart angefasst hat.

Die Besitzer dieser Tiere sind meist kluge, in Beruf und Leben trittsichere Menschen. Aber sobald es um das Schicksal ihrer Hunde geht, werden sie kompromisslos emotional und stornieren beispielsweise lang geplante Urlaube, weil ihnen das Unterhaltungsprogramm der Hundepension nicht individuell genug erscheint oder ein bestimmtes Reiseland als hundepolitisch fragwürdig gilt (momentan ist es, glaube ich, Dänemark). Sie marschieren pflichtbewusst stundenlang durch Wald und Wiesen zu einer Tageszeit, die der Durchschnittsbürger im Büro verbringt, sie hüpfen engagiert über Hindernisse oder kriechen auf dem Bauch durch Nylontunnel, um es Fifi vorzumachen. Sie beschäftigen Hundeflüsterer und Tier-Medien, um herauszufinden, was hinter der sorgenvoll in Falten gelegten Stirn ihres Vierbeiners vor sich geht, und wagen es nicht, zu ihrer eigenen Entlastung den Hund mit einem Hundesitter zum Spaziergang zu schicken, weil Fifi ausgerechnet mit blonden Frauen – wie die Hundesitterin – nicht kann oder aber nach einem frühkindlichen traumatischen Erlebnis mit allen Dalmatinern dieser Welt seine Probleme hat, von denen aber ein Exemplar zur Hundegruppe des Hundesitters gehört.

Meine Hunde allerdings haben einen Hundesitter. Als ich dies einmal im Park beiläufig erwähnte, wurde ich von anderen Hundebesitzern argwöhnisch beäugt, als ob die Tatsache, dass ich meine Tiere mit einiger Regelmäßigkeit in fremde Hände gab, mich als Raben-Frauchen entlarven würde.

„Ich möchte nicht, dass ein Fremder meinen Hund aufzieht", sagte eine Dame.

Ich erklärte ihr, dass meine Hunde mitnichten von einer Fremden aufgezogen würden, sondern ich – obwohl ich eigentlich fände, ich sei für ein Leben des luxuriösen Nichtstuns wie geschaffen – ab und zu meine Arbeit nicht um meine Hunde herum organisieren könne und dann jemanden bräuchte, der sie an meiner statt durch Wald und Wiesen scheucht.

Die Dame blinzelte nicht einmal, als sie meinte: „Ich finde, man sollte zu Hause bleiben und sich selber um seine Hunde kümmern."

Zweifellos hatte ich es hier mit der Eva Herman der Hundewelt zu tun. Fehlte nur noch, dass ich anschließend in eine Diskussion über Blondi und Hitlers Autobahnen verwickelt würde. Meine Hunde wurden monatelang sorgfältig daraufhin beobachtet, ob eine negative Wesensveränderung sichtbar wurde, nachdem sie nun regelmäßig fremdgingen. Es ist ja nicht so, dass ich meine Hunde einfach irgendeiner dahergelaufenen Cruella de Vil überlassen würde. Petra – so heißt die Hundesitterin – wurde selbstverständlich von mir auf Herz und Nieren geprüft, bevor ich ihr mein Rudel anvertraute; ihr wurden die charakterlichen Eigenarten und Besonderheiten der einzelnen Hunde genauestens beschrieben, sie wurde um Rücksicht gebeten (die Hunde nicht), und der Mann konnte gerade noch verhindern, dass ich ein grafologisches Gutachten erstellen ließ. Man weiß ja nie.

Meine Hunde lieben Petra, die so aussieht, wie man sich als Kind sein Kindermädchen wünschte: fröhlich, liebevoll, weich und gleichzeitig sportlich. Ich bin sicher, auf den langen Spaziergängen, die sie mit den Hunden unternimmt, liest sie ihnen während der Ruhepausen Märchen vor. Zweimal in der Woche verhilft sie mir zu einem arbeitsintensiven, hundefreien Halbtag und zu reibungslosen Geschäftsreisen, und ich gönne meinen Hunden ein kleines geheimes Privatleben. Und es ist wie in allen Beziehungen: Manchmal tut ein gewisser Abstand der Liebe nur gut – selbst, wenn es sich nur um ein paar Stunden handelt.

Menschen, die keine Hunde haben und sich auch nie einen wünschten, sind meist der Überzeugung, dass ein Hund im Haus ein Garant für Haare in der Suppe und Matschpfoten auf dem Sofa ist. Wenn man mehr als zwei Hunde hat, rechnen hundelose Fremde damit, dass man völlig verslumt lebt und außerdem unglaubliche Beziehungsprobleme hat. Dabei ist die Art und Weise, wie unsereins mit Hunden umgeht, gerade ein Hinweis darauf, wie ungeheuer beziehungsfähig man ist: Hundebesitzer wissen eine Menge darüber, warum sie machen, was sie machen, weil sie das alles aus Hundebüchern gelernt haben. Wir wissen alles über dominantes und unterwürfiges Verhalten, Gruppenpsychologie, Augenkontakt und Beschwichtigungsgesten, Territoriumsgehabe oder sexuelles Besitzverhalten. Überlegen Sie mal, wie viele Jahre an Partnertherapie Sie da sparen.

Bella mit ihren fünfzehn Jahren ist die längste und tiefste Beziehung, die ich je hatte. Von ihr habe ich die wirklich wichtigen Dinge des Lebens gelernt:

1. Das Leben ist zu kurz, als dass einem irgendetwas peinlich sein darf.
2. Gerate niemandem zwischen die Füße, sonst wirst du getreten.
3. Distanz schafft Bindung.
4. Schleich dich nie von hinten an; geh immer mit offener, freundlicher Miene auf andere zu.
5. Wirf dich niemandem so stürmisch an den Hals, dass er die Balance verliert.
6. Lass ihm nicht alles durchgehen, sonst macht er mit dir, was er will, der Hund.

Bella durfte die meiste Zeit ihres Lebens in meinem Schlafzimmer schlafen, und das fast immer. Dabei war ich lange Zeit ein Anhänger von Fernbeziehungen. Sobald meine Freunde auf demselben Kontinent lebten wie ich, fühlte ich mich bedrängt. Bei zu großer Nähe wurde ich umgehend klaustrophobisch, als ob der Mann, der da beim *Tatort* neben mir auf dem Sofa saß, nicht unterscheiden könnte, wo meine Persönlichkeit aufhörte und seine anfing.

Hunde dagegen haben mir beigebracht, dass es entgegen allen romantischen Hollywood-Erwartungen echte Symbiose zwischen zwei Seelen nicht gibt. Und auch, dass das vollste Verständnis nur bis zu einem gewissen Punkt geht – bis man beispielsweise nach Hause kommt und feststellt, dass der sensible, intelligente Hund den Inhalt des gesamten Mülleimers im ganzen Haus verteilt und die Thunfischdose auf dem neubezogenen Sofa untersucht hat. Mit Hunden lernt man, Kompromisse einzugehen und die eigenen Bedürfnisse ab und zu zurückzustellen. Wer einmal im Monat 15-Kilo-Säcke mit Trockenfutter in den dritten Stock schleppt, der jongliert auch Bierkästen mit einem Lächeln auf den Lippen, und wer je versucht hat, über Jahre einem Jagdhund gerecht zu werden, den erfüllt es mit tiefer Dankbarkeit, wenn der Mann samstagnachmittags nichts anderes will als Fußball gucken.

Nur in einigen wenigen Dingen muss man zwischen Mann und Maus zu unterscheiden lernen: Von einer Handvoll Popcorn über Mirácoli bis hin zu rohen Karottenstücken – anlässlich meiner Menüplanung haben meine Hunde nie etwas anderes als überschwänglichen Enthusiasmus demonstriert. Kein Mann war je so leicht zufriedenzustellen, das steht fest.

Meine Mutter stand meiner Art der Selbsttherapie trotzdem jahrelang kritisch gegenüber. Als ich vor vielen, vielen Jahren plötzlich einen dritten Hund hatte – ich bekomme Hunde so wie Teenager Babys: sozusagen unverhofft –, murmelte sie nur tonlos: „So findest du ja nie einen Mann." Dabei habe ich im Gegenteil im Nachtleben nie so viele gut gelaunte Männer getroffen, wie wenn ich morgens sehr früh in Nachthemd, Anorak und Gummistiefeln mit einem jungen, aus sehr viel

Flüssigkeit bestehenden Hund auf der Straße stand und ihm das Mantra „Los jetzt, pieseln! Pieseln!" vorbetete.

So lernte ich auch den jetzigen Mann in meinem Leben kennen. Ich war todmüde und sah aus wie ein ungemachtes Bett, nachdem ich zum achtundvierzigsten Mal innerhalb von fünf Stunden mit Bella auf der Straße stand und sie Gras fressen ließ, auf das sie im Fall von Magengrimmen schwor. Nachdem es mittlerweile schon tagte, hatte ich Theo mit nach unten genommen, weil ich ahnte, dass ich später für einen langen, ausführlichen Spaziergang um die Alster zu schwach sein würde. Theo, empört über die frühe Störung und noch nicht ganz wach, hob unvermittelt sein Bein und achtete nicht darauf, wogegen: Es war ein Männerbein.

„O Gott, es tut mir so leid, bitte seien Sie nicht böse!", schrie ich.

Der Mann lachte.

„Ich bin nicht böse", sagte er. „Nur ein bisschen angepisst."

Kann man sich etwas Romantischeres vorstellen?

Drei Tage später rief ich ihn abends an, um zu erfahren, ob die Reinigung sich seiner Hose angenommen hatte. Wir plauderten kurz, dann sagte er: „Wissen Sie, was ich wirklich gerne machen würde? Ich würde wahnsinnig gerne mit Ihnen und den Hunden spazieren gehen. Darf ich Sie um elf abholen?"

Theo war zwar der Meinung, es sei eindeutig zu spät für körperliche Betätigung, er habe schon seinen mentalen Schlafanzug an und dürfe unter keinen Umständen mehr geweckt werden – aber ab und zu müssen Hunde eben einfach tun, was man ihnen sagt.

So gingen wir fast die ganze Nacht lang spazieren, obwohl es wirklich saukalt war. Warum, dachte ich mir, habe ich diesen Mann nicht im Sommer kennengelernt, wenn man sich nicht andauernd ob des Nebels in der Luft Sorgen um den Zustand der Frisur machen muss?

# 9

Manchmal treffe ich auch Menschen, die meine Hunde beunruhigend finden. Weil die aussehen wie Lebendversionen von Steifftieren, passiert das eher selten. Ich versuche dann, Rücksicht zu nehmen, weil schließlich niemand meine Hunde so unwiderstehlich findet, wie ich das tue. Abgesehen davon gibt es ja Menschen, die kein entspanntes Verhältnis zu Kaniden unterhalten und eine echte, tief sitzende Angst angesichts eines hasenartig auf sie zugaloppierenden Hundes empfinden, was Hundebesitzer einfach nicht nachvollziehen wollen – handelt es sich doch um ihren vergnügten Zuckerhund, der nichts als gute Laune und den Matsch an seinen Pfoten verbreiten will. Was soll man solchen Leuten sagen? Der Satz „Der tut nix, der will nur spielen!" ist so oft parodiert worden, dass ihn kein intelligenter Mensch mehr über die Lippen bringt. Dabei ist er im Allgemeinen so wahrheitsgetreu wie alternativlos. Soll man denn jedes Mal rufen: „Fürchten Sie nichts, mein Hund will Sie in den kommenden Minuten mit seinem dreistufigen Überraschungsprogramm unterhalten; er wird sich mit den Hinterläufen an Ihrer Lendengegend abstoßen, um besser an Ihr Gesicht heranzukommen, damit er Sie mit nasser, schwerer Zunge ablecken, Ihnen von hinten in die Kniekehlen treten und im Anschluss Ihre Jackentaschen nach Lebensmittelresten abscannen kann!"?

Eines Tages kam ich mit Luise in einen Hundeladen, um ihr ein neues Spielzeug zu kaufen. Meine Hunde sind sicherlich die bestausgestatteten, bestangezogenen weit und breit. Es ist wahrscheinlich eine Art Ersatzkauf für mich selbst, denn irgendwann hat man einfach genügend Jeans, T-Shirts und Pullover für den Rest des Jahres.

Als wir um ein Regal herumgingen, starrte uns eine Frau an und rief entsetzt aus: „Oh mein Gott. Mein Sohn hat wahnsinnige Angst vor großen Hunden. Wahnsinnige Angst", wiederholte sie und sah sich suchend um.

„Na, dann ist das genau der richtige Hund für ihn", versicherte ich strahlend. „Sie ist sehr freundlich und liebt Kinder."

„O nein", sagte die Frau. „Er wird sich furchtbar erschrecken."

Komischer Ort, um ein Kind mit Hundeangst mitzunehmen, dachte ich mir und lief direkt in den kleinen Jungen und seinen Vater hinein. Der Junge drehte sich um, sah Luise Auge in Auge vor sich stehen und formte ein „O!" mit seinem Mund. Es sah so aus, als könne er sich noch nicht entscheiden, ob er weinen, schreien oder lachen sollte, dann aber rief er sehr angetan: „So ein großer Hund!" Luise setzte sich artig hin und senkte glücklich das Haupt, wie sie es immer tut, wenn man sie am Kopf streicheln soll.

In diesem Moment tauchte die Mutter des Jungen auf. Sie erstarrte, schoss dann auf ihren Sohn zu und sagte: „Aber du hast Angst vor Hunden, Schätzchen!", packte ihn am Arm und zog ihn weg. „Weißt du nicht mehr? Du hast Angst vor großen Hunden, weißt du noch?" Sie schüttelte den Arm ihres Sohnes, der sie verwirrt anstarrte und endlich in Tränen ausbrach. Der Vater sah seinen Sohn entnervt an, die Mutter fauchte: „Ich hatte Ihnen doch gesagt, dass mein Sohn sich fürchtet. Wieso sind Sie denn so rücksichtslos?"

Mir fällt es grundsätzlich sehr schwer zu schweigen. Ich gebe wirklich zu allem meinen Senf dazu. In diesem Fall hielt ich einfach den Mund. Egal, was ich gesagt hätte, es hätte nichts genützt. Dies hier war eine Familienangelegenheit.

# 10

Wir hatten fast zwei Jahre in München gewohnt und bereiteten uns langsam mental auf einen Umzug nach Berlin vor, als Bella begann, rapide abzubauen. Sie war mittlerweile fünfzehn Jahre alt – eine zähe alte Dame, die immer noch darauf bestand, uns auf jeden Spaziergang zu begleiten, obwohl ihr eigentlich immer spätestens nach einer halben Stunde die Kräfte versagten. Ihr Herz machte ihr trotz Tabletten zu schaffen. Sich von mir auf Spaziergängen tragen zu lassen, wäre unter ihrer Terrier-Ehre gewesen, das ließ sie nicht zu, aber bei jedem Spaziergang schien sie weiter zurückzubleiben. Also setzte ich sie in den Fahrradkorb, wenn sie immer langsamer wurde. Im Fahrradkorb saß sie dann zufrieden, hatte den Überblick und winkte lässig wie Queen Mom ihren Untertanen zu. Sie wollte immer noch bei allem dabei sein, soweit ihre Kräfte das zuließen, aber irgendwann wurde offensichtlich, dass es nicht mehr ging.

Die schwierigste, herzzerreißendste Entscheidung im Leben eines Hundebesitzers ist wohl, ob und wann er seinen Hund einschläfern lassen soll. Es ist immer zu früh, es überrascht einen jedes Mal. Es gibt keinen idealen Zeitpunkt. Das Leben des Hundes wird immer schwerer, und irgendwann verschwindet die Lebenslust aus seinen Augen. Manche Leute versuchen, das Leben ihres Tieres um jeden Preis zu erhalten und zu verlängern. Ich gehöre nicht zu ihnen. Ich möchte meinen Hunden ein bisschen Würde erhalten.

„Sie werden den richtigen Zeitpunkt wissen", sagte meine Tierärztin. „Sie müssen herausfinden, was Bella will und was das Beste für sie ist. Das können nur Sie: Niemand kann Ihnen diese Entscheidung abnehmen, weil niemand den Hund so gut kennt wie Sie."

Ich liebte diesen Hund so sehr, der auf meinem Bett geboren worden war, von dem ich fünfzehn Jahre lang nie länger als ein paar Tage getrennt gewesen war. Bella war siebenmal mit mir umgezogen, hatte jede Stadt sofort zu unserem Zuhause gemacht, sie hatte sich klaglos mit neuen Katzen, Kindern, jungem Hundefamilienzuwachs, schwierigen Besuchshunden und Pferden angefreundet – oder zumindest abgefunden. Sie ist immer anhänglich, schlau, fröhlich, wohlerzogen und völlig problemlos gewesen. Wenn wir morgens im Park über die nasse Wiese gingen, trippelte sie weit entfernt von uns, aber immer mit Blickkontakt, allein auf den trockenen Wegen, weil sie sich ungern die Füße nass machte, und hatte dabei etwas von einem tüdeligen Ömchen mit einer komplizierten Handtasche. Gleichzeitig war sie ein gnadenloser Rattenfänger und deshalb gern gesehen in den Reitställen. Sie war nach Terrier-Art sehr selbstständig, und trotzdem gab es ein unglaublich starkes, tiefes Band zwischen uns. Ich dachte mir, das Beste für sie müsse sein, ihr Leben so fröhlich zu beenden, wie sie es gelebt hatte.

Eines Morgens rannte ein Kaninchen direkt vor ihrer Nase über den Weg und sie sah nicht einmal mehr hin. Ich wusste, was das bedeutete. Es war ein warmer Augustmorgen, und ich packte sie in den Fahrradkorb, nahm alle anderen Hunde mit und ging mit ihr zur Tierärztin. Vor der Tür setzte ich mich auf eine Bank, hielt sie im Arm und roch an ihr und versuchte, nicht die Kontrolle über mich zu verlieren, nicht furchtbar anzufangen zu weinen, um sie nicht zu erschrecken. Die Tierärztin kam mit ihrer Assistentin, um ihr die Spritze zu geben. Bella leckte ihre Hand. Ich erzählte ihr leise und wackelig vom Hundehimmel, in dem es riesige Wälder voller Kaninchen und

Rehe gebe. Und nie endende Berge von Hundekeksen, bestrichen mit Erdnussbutter, was sie besonders liebte. Sie würde Emily wiedertreffen, die schwarze Möpsin, sodass sie wieder zusammen auf einem Kissen schlafen könnten, und es würde lauter wundervolle Dinge zum Erschnüffeln direkt drum herum geben, sodass sie nicht einmal vom Kissen aufstehen müssten. Während ich ihr alles dies erzählte, schlief sie einfach ein.

Es spielt keine Rolle, ob ein Mensch stirbt oder ein Hund, man liebt sie ja doch ganz ähnlich. Das Gute an Hunden ist ja, dass sie sich so sehr lieben lassen. Je mehr man mit dem Hund erlebt hat, desto trauriger ist es. Außerdem ist es ja nicht nur der Hund, über den man weint – mit seinem Tod lässt man einen ganzen Lebensabschnitt hinter sich.

Obwohl man ein Hundeleben lang weiß, dass der Hund früher sterben wird, als man denkt, ist es immer zu früh, und man muss sich wirklich über sich selbst wundern, warum man sich das eigentlich antut, sein Herz an ein Wesen zu hängen, das gerade dann stirbt, wenn man sich richtig aneinander gewöhnt hat. Gleichzeitig ist es aber auch ein großes Geschenk, dass man einen Hund hatte, der einen so wahnsinnig traurig machen kann.

Die anderen Hunde schienen nicht besonders beeindruckt vom Phänomen des Todes. Sie suchten Bella in den nächsten Tagen nicht, nur Theo blieb beim Spaziergang ab und zu stehen und drehte sich um, um zu sehen, ob Bella langsam hinterhergezockelt kam. Mir ging es auch so: Nach Wochen machte ich versehentlich noch einmal das Futter für sie oder drehte mich, als irgendwann nachts eine Ratte über die Straße rannte, reflexartig um, um Bella daran zu hindern, hinterherzurennen. Aber das tat sie ja nicht mehr.

# II

Und dann kam Ida. Ida hopste sozusagen zufällig in mein Leben. Ich besuchte aus rein freundschaftlichen Gründen ihre Züchterin, Karin, eine Koryphäe auf dem Gebiet der Pudel- und Meerschweinchenzucht. Als ich Karin kennenlernte, hielt ich sie für ziemlich unfreundlich. Sie bellte ein „Ja!" ins Telefon, das dem Anrufer erst einmal die Sprache verschlug. „Na, sonst rufen mich alle möglichen Leute um sechs Uhr morgens an und wollen wissen, ob ich ihnen einen Pudel verkaufe." Sie hat auch eine Tochter, die zwischen so vielen Hunden aufgewachsen ist, dass es ein Wunder ist, dass sie je lernte, sich wie ein Mensch zu benehmen. Dafür hat Karin zahllose Champions produziert und kann die Abstammung wirklich jedes Pudels Deutschlands aufsagen, wenn sie nur seinen Vornamen und sein Geburtsdatum kennt. Das Gute an ihr ist: So sehr sie Pudel auch liebt, sie ist nicht gaga. Sie hat überhaupt kein Problem damit, sich der schlauen Mechanismen dieser Rasse zu erwehren, die seit Jahrhunderten sehr erfolgreich Menschen manipuliert.

Überall waren Pudel in jeder Form, Farbe und Größe. Theo und Luise verkrochen sich sofort unter der Küchenbank: Mit all diesen fremden Hunden, von denen die meisten aussahen wie Dolly Parton, nachdem ihr der Haarföhn durchgegangen ist, wollten beide nichts zu tun haben. Bellas vollständige Aufmerksamkeit wurde dagegen von zahllosen Meerschweinchenkäfigen in Anspruch genommen, die aus Winterwettergründen in der Küche aufeinandergestapelt waren. Sie saß den ganzen Nachmittag über bebend davor und versuchte, vor allem ein

bestimmtes männliches, graues Meerschweinchen zu hypno-
tisieren: „Komm doch mal her, du kleines, dickes Ding, ich will
dich nur mal ein bisschen probieren ..."

Auf einem Frisiertisch stand ein gewaltiger silberner Großpudel und bekam gerade eine Modeschur verpasst. Aber im
Nebenzimmer wohnte ein kompletter Wurf aus zwölf dunkel-
braunen, zehn Wochen alten Pudeln mit bernsteinfarbenen
Augen, die begeistert damit beschäftigt waren, alte, vollgepiesel-
te Zeitungen zu zerfetzen. Bei meinem Anblick bekamen alle
einen bedürftigen Gesichtsausdruck: „Guten Tag, wir bräuch-
ten dringend ein Zuhause ..." An der Seite saß eine sehr kleine,
leicht krummbeinige Hündin und sah mich auffordernd an,
machte einen Hopser und schien zu sagen: „Du brauchst noch
einen Hund."

„Ich brauche überhaupt keinen Hund mehr, ich habe schon
drei", sagte ich, nahm sie aber trotzdem mal heraus, nur so und
ganz unverbindlich aus rein kynologischem Interesse.

Ich war sehr beeindruckt von dem Winzling, der mit seinen
abstehenden braunen Haaren aussah wie ein Kinderstofftier,
das ein bisschen zu doll lieb gehabt worden war. Die Hündin
stapfte völlig selbstverständlich und unerschüttert zwischen
der lauten Föhnbox, in der – übrigens völlig freiwillig bei offen
stehender Tür – ein Pudel saß und sich das Haar durcheinan-
derblasen ließ, riesigen aufgeplüschten fremden Pudeln und
Menschen herum. Ab und zu drehte sie sich zu mir um und
guckte mich aus ihren hellen Bernsteinaugen an: „Du brauchst
noch einen Hund, und der bin ich." Sie ließ sich von den
merkwürdigen Mopsgeräuschen nicht beeindrucken, die Theo
zwangsläufig machte, achtete nicht auf Bellas zickiges Brum-
men, die die Meerschweinchen für sich behalten wollte: Sie
hielt diesen Tag grundsätzlich für eine sehr gute Idee.

Irgendwie – ich weiß bis heute nicht, wie es geschah – saß
sie anschließend auf unserer Rückfahrt nach Hause dabei. Bel-

la war empört, hatte sie doch geglaubt, wir hätten diesen Ausflug gemacht, um ihr ein Meerschweinchen zu besorgen und nicht, um einen ungekämmten Wechselbalg mitzunehmen. Der sah aus, als heiße er Ida.

„Was ist das?", fragte mich der Mann, als ich mit Ida auf dem Arm zu Hause ankam.

„Ein braunes Königspudelbaby", sagte ich stolz.

Der Mann betrachtete Ida, die krummbeinig und zerzaust vor ihm stand und ihn interessiert ansah.

„Hm", sagte er. „Wenn du Glück hast, wird sie mal einer."

Ich schnaubte.

„Ich kann Hunden nicht widerstehen, die mich zum Lachen bringen", sagte ich. „Die Kleine da tut das."

In der Tat. Auf Idas To-do-Liste stehen nur zwei Aufgaben: Spielen und Spielen. Was Hunde von Menschen unterscheidet – abgesehen von der Körperbehaarung –, ist ihre absolute Hingabe an ihre jeweilige Bestimmung. Ich wollte ursprünglich Pianistik studieren, dann wollte ich Verhaltensforscherin werden und wurde schließlich Journalistin, kann mich aber auch hier nicht für ein bestimmtes Thema entscheiden. Hunde dagegen bleiben ihrer Veranlagung immer treu. Jahre gehen ins Land, aber Terrier werden weiterhin Gärten in Mondlandschaften verwandeln, Beagles werden zuverlässig jeden Komposthaufen in der Umgebung aufspüren, und Ida spielt. Den ganzen Tag.

In ihren jugendlichen Anfängen war sie eine Art ungeschliffener Diamant – geradezu übersprudelnd von Verheißungen, aber noch etwas unzulänglich in ihren gesellschaftlichen Umgangsformen. Um sich hinzulegen, hob sie einfach alle vier Pfoten gleichzeitig und plumpste zu Boden oder in ihren Korb. Von Futternäpfen hielt sie nicht viel: Sie räumte deren Inhalt erst einmal aus, um dann alles vom Boden zu fressen. Sie war auch nicht daran gewöhnt, um Möbelstücke herumzunavigieren. Wenn ich sie rief, kam sie sofort – und ich meine: sofort – und in direkter A-Linie auf mich zu, wobei sie einfach über alles, was ihr im Weg stand, drübersprang oder -kletterte: Sofas, Tische, Theo. Es kam ihr schlicht nicht in den Sinn, außen herumzulaufen.

# 12

Ida hatte auch eine recht ungezwungene Einstellung gegenüber fremden Sachen. Sie entpuppte sich sozusagen als die Jennifer Lopez der Kaniden: Ursprünglich aus einfachen Verhältnissen stammend, eignete sie sich schnell einen ganz selbstverständlichen Geschmack für Designerartikel an. Die vielen pädagogisch wertvollen Hundespielsachen, die den Boden unserer Wohnung dicht an dicht bedeckten, konnten ihr Herz nicht erfreuen, die artgerechten Kauartikel interessierten sie nicht. Meine Sachen gefielen ihr besser. In ihrem ersten Lebensjahr schaffte sie es, eine Lesebrille von Dolce & Gabbana inklusive Gläser sowie ein Paar Emma-Hope-Pumps zu zerkauen. Sie gestaltete ein Paar Miu-Miu-Schuhe zu Sandalen um und zerlegte ein Paar sehr schöne, sehr hohe silberne Pumps, deren Absätze sie komplett verspeiste – von den diversen BHs, die sie, noch ungetragen und direkt aus der Tüte, gründlich zwischen ihren scharfen Zähnen zermalmte, ganz zu schweigen. Ihr Schönstes war es, Papier zu zerfetzen. Alte Zeitungen, neue Manuskripte – einmal zerriss sie begeistert einen Umschlag, in dem fünfhundert Euro waren. Leider fraß sie die Hälfte davon auf. Ich überlegte eine Weile, ob ich sie als Lebend-Schredder an Büros ausleihen sollte, damit sie wenigstens einen Teil des Geldes wieder hereinbrachte.

Reisegepäck übt auf alle Hunde eine magische Anziehungskraft aus. Bella legte sich immer in die halb gepackten Taschen oder Koffer hinein und schlief dort, vielleicht in der Hoffnung, ich würde sie mit einpacken. Auch Ida war als Welpe sehr interessiert an Gepäck – weniger an den Taschen, deren Griffe sie jeweils eher nachlässig bekaute, sondern an den Dingen, die man gepackt hatte. Vor allem nach Hause zurückgekehrtes Gepäck barg alle möglichen Überraschungen – Hotelschokolade, Flugzeugsnacks, halb gelesene Zeitschriften und Bücher, gut vermischt mit dem Geruch gebrauchter Wäsche. Wenn ich oder der Mann von einer Reise zurückkehrten, packte sie schon mal aus, während wir vielleicht in der Küche einen Tee tranken oder anderweitig Zeit verschwendeten. Ganz methodisch zerrte sie alles aus dem Koffer und verstreute die einzelnen Teile auf dem Fußboden, wobei sie die essbaren Dinge von den möglicherweise essbaren Dingen trennte und alles so schnell sie konnte auffraß. Anschließend verstreute sie die Kleidungsstücke überall im Haus und wälzte sich in ihnen; vielleicht, um sie mit ihrem eigenen Aroma als ihr Eigentum zu markieren.

Einmal verbrachten wir ein Wochenende in einem sehr hübschen, kleinen Hotel auf Sylt und ließen die Hunde auf dem Zimmer, während wir zum Essen gingen. Offensichtlich hatten wir die Tür nicht richtig geschlossen, denn als wir zurückkamen, lagen die Inhalte unser beider Reisetaschen über den gesamten Flur verteilt. Nicht weit entfernt von unserem Zimmer lag Ida tief schlafend auf dem Rücken mit dem rosa Kinderbauch nach oben auf einem Paar Boxershorts.

Bald dachte sie, ihr Name sei „Ida-lass-das". Sie war ein wildes Ding, das kaum gesittet einen Fuß vor den anderen setzen konnte, sondern wie eine zerzauste Hupfdohle neben einem herhopste. Dabei war Ida stets blendend gelaunt und der festen Überzeugung, die ganze Welt sei ausschließlich zu ihrem Amüsement erfunden worden. Sie war – nicht untypisch für Pudel – ein ziemlicher Spätzünder, was das geordnete Aneinanderreihen sinnvoller Gedanken betrifft.

Bis Ida etwa elf Monate alt war, konnte sie sich einfach nicht konzentrieren, wenn man versuchte, ihr etwas beizubringen oder zu zeigen. Sie musste immer draufspringen, reinbeißen, drum herumrennen oder noch ganz woanders hin – "things to do, people to see, places to go" lautete ihr Motto. Saß ich mit ihr in der Straßenbahn, kaute sie friedlich an meinem Hosenbein. Sagte ich: „Ida, lass das!", hörte sie auch sofort auf, um anschließend an dem Rocksaum der Sitznachbarin zu kauen – „Ida, lass das!" –, danach ein bisschen am Sitzpolster – „Ida, lass das!" –, dann biss sie mit deutlicher Frustration („Darf man denn hier überhaupt nix?") ein bisschen in die Leine – „Ida, lass das!", anschließend in Luises Ohr, was diese schnell wegzog, und daraufhin in Theos Nase. Das setzte umgehend eine gewaltige Ohrfeige von ihm, woraufhin gewöhnlich bis zur Endstation Ruhe war.

Ida war grundsätzlich gut für Überraschungen. In Astrid Lindgrens *Michel aus Lönneberga* wird der kleine Junge als ein Kind beschrieben, dem die Einfälle „schneller kommen, als ein Ferkel blinzelt". Das traf genau auf Ida zu. Sie geriet ständig in Situationen, die man wirklich unter allen Umständen vermeiden sollte, und zog mich auf direktem Wege mit hinein. Ich hatte Ida im Januar bekommen – absolut entgegen meiner Lebensregel, junge Hunde nur in warmen Sommermonaten zu übernehmen, weil es nämlich viel einfacher ist, Welpen die Vorzüge des Außer-Haus-Pieselns nahezubringen, wenn es lau und angenehm draußen ist statt nass, eisig und windig –, und sie ließ wenig aus, mich für den Verstoß gegen diese kluge Regel bezahlen zu lassen.

Frühling in Hamburg ist eine zähe Angelegenheit. Nebelwände lassen die Umrisse der Häuser verschwinden, die Kälte ist feucht, selbst die Enten quaken missmutig vor sich hin. Eines Nachmittags ging ich im März bei minus acht Grad und Schnee und Eis mit meiner Freundin Laleh spazieren, einer wunderschönen persischen Moderedakteurin, die einen gut gelaunten, sehr hellen Golden Retriever namens Jackson besitzt. Jackson und Luise kannten und liebten einander seit Teenagertagen und ließen nichts zwischen sich kommen. Ida hopste vergnügt neben uns her, während Jackson und Luise sich gegenseitig jagten, einander mit vollem Body-Check rammten und sich an den Ohren über die gefrorenen Wiesen zogen. Nachdem Ida zum soundsovielten Mal von den beiden über den Haufen gerannt worden war, wollte sie offenbar für ein wenig Abstand sorgen und peste im Schweinsgalopp rechts ab über eine Wiese. Ich bin ein alter Anhänger der Erziehungsmethode, jungen Hunden bei geeigneten Platzverhältnissen einigen Abstand zuzugestehen, ohne sie sofort zu rufen, damit sie von selber feststellen, dass sie sich sehr weit entfernt haben, und mit einem gewissen Schreck schnell wieder zurückkommen.

Wie eine Schildkröte, deren Tempo man ja auch immer unterschätzt, war Ida aber plötzlich auf der anderen Seite eines kleinen Sees, und als ich sie rief, rannte sie nicht etwa um den Teich zurück zu uns, sondern hielt es für eine glänzende Idee, den Weg abzukürzen, indem sie über die gefrorene Teichoberfläche lief. Sie schlitterte los, völlig unbeeindruckt von meinen lauten NEINs. Ein kleiner, dunkelbrauner Hund mit abstehenden Haaren und flatternden Ohren peste Richtung Mitte des Teiches – und brach mit Karacho ins Eis ein. Ich rannte, so schnell es meine Gummistiefel zuließen, zum Ufer, an dem eine Joggerin saß, mit ihrem Handy wedelte und schrie, sie werde die Feuerwehr anrufen. Ich sah meinen zwölf Wochen alten Welpen, der verzweifelt versuchte, sich aufs Eis hochzuziehen, was ihm natürlich nicht gelang, und dachte gleichzeitig über sämtliche Konsequenzen nach: dass der junge Hund schneller müde werden würde, als die Feuerwehr ankommen könnte, dass Ida unglaublich schnell auskühlen und wahrscheinlich ziemlich bald ertrinken würde, wenn ich nicht schnell etwas täte.

Ich zog meinen Anorak aus und watete ins Wasser, durch
das Eis, das doch nicht so dünn war, wie es gewirkt hatte. Dafür drang das eisige Wasser sofort durch Strümpfe und Jeans,
stieg die Beine hinauf und nahm mir den Atem. Ich schob
mich wie ein prustender Eisbrecher vorwärts – und blieb stecken, weil ich vergessen hatte, meine Gummistiefel auszuziehen. Fünf Meter vor mir ruderte mein Hund um sein Leben,
und ich steckte im Schlamm und schaffte es auch nicht, unter Wasser – das mir immerhin bis zur Schulter ging – die
Gummistiefel auszuziehen. Hinter mir platschte es: Laleh hatte Anorak und Stiefel ausgezogen und drängte sich neben mir
durch Wasser und Eis, packte Ida und schleppte sie zum Ufer
zurück. Ungefähr gleichzeitig schaffte ich es, mich aus meinen
feststeckenden Gummistiefeln zu befreien.

Als wir am Ufer anlangten, hörten wir lautes Gejohle und
Applaus – von Weitem hatten uns offenbar lauter Spaziergänger beobachtet und gratulierten uns aus der Ferne. Auf
die Idee, uns zu fragen, ob man uns irgendwo hinbringen oder
sonst irgendwie helfen könnte, kam interessanterweise niemand. In den Zeiten von Reality-TV-Shows kommen Zuschauer nicht mehr auf die Idee, interaktiv einzugreifen.

Wir waren ein hübscher Anblick auf unserem Heimweg.
Nicht nur ein, sondern drei begossene Pudel: Laleh und ich
schnatternd vor Kälte – ich auf Strümpfen, denn die Gummistiefel steckten im schlammigen Grund des Teiches –, Ida hatte ich in meinen Anorak eingewickelt, und Luise, Jackson und
Theo gingen trocken, aber einigermaßen verwundert hinter
uns her, weil sie die Badeaktion zu dieser Jahreszeit völlig zu
Recht für eine Schnapsidee hielten. Lalehs Wohnung war nicht
allzu weit weg. Bis wir dort ankamen, klapperten wir so vor
Kälte, dass wir kaum noch sprechen konnten. Laleh duschte
heiß, während ich den kleinen, braunen Pudel trocken föhnte,
der schon wieder bestens gelaunt war und nicht einsah, warum

er nicht lieber mit Luise und Jackson im Wohnzimmer spielen konnte, statt sich die Frisur richten zu lassen. „Du bist die harte Schule des Lebens", sagte Laleh, als sie sah, wie Ida sich wie ein bockiges Kind drehte und wand, um dem Föhn zu entkommen. Laleh kochte uns nach Hamburger Manier einen Tee mit Rum, und dann kippten wir ins Bett, todmüde, und schliefen den Schlaf der Erschöpften.

Während Bella, Luise und Theo etwa gleichzeitig mit ihrem ersten Geburtstag eine Zen-artige Lebenshaltung einnahmen und sich nur noch selten echte Fauxpas' erlaubten, erreichte Ida diesen Zustand erst, als sie zwei Jahre alt wurde. Bis dahin hatte ich bereits alle Hoffnung auf Besserung aufgegeben und bekam regelmäßig Schweißausbrüche, wenn ich glaubte, Lesebrillen, Pumps oder wichtige Bücher außerhalb des massiven Büroschranks liegen gelassen zu haben, den wir uns eigens aus verständlichen Gründen angeschafft hatten. Praktisch über Nacht wurde Ida dann aber zum Menschen, oder besser noch: zum erwachsenen Pudel – klug, friedlich, charmant und wahnsinnig komisch. Sie ist nicht so schön wie Luise. Sie ist nicht so groß, ihre Augen sind nicht mandelförmig, ihre Beine sind nicht so gerade, wie sie sein sollten. Von hinten sieht sie ein bisschen aus, als mache sie ein Demi-plié; aber sie hat einen unglaublichen, unwiderstehlichen Charme.

„Wenn Luise die Callas ist, ist Ida eher ein polnischer Schlagerstar", sagt der Mann. „Voller Hurra, die personifizierte gute Laune. Auf dem Weg zum Grand Prix d'Eurovision."

# 13

Meine Hunde sind Stadthunde. Erst lebten sie in Hamburg, dann in München, inzwischen in Berlin. Grundsätzlich finde ich Stadtleben mit Hunden ziemlich unproblematisch, vor allem für die Hunde. Ländliche Gefilde, immer als Idealterritorium für Hunde verklärt, bergen ihrerseits viele Probleme: Während Setz-, Brut- und Jagdzeiten dürfen Hunde nicht ohne Leine im Gelände laufen, und in vielen Gegenden sind sie ganzjährig gefährdet durch Wildschweine. (Das sind sie allerdings auch am Wannsee.)

Alle Stadthunde, die ich kenne, werden regelmäßig ausgeführt und dürfen zwar offiziell meist auch nicht ohne Leine laufen – wer kennt sich noch aus mit den ganzen unterschiedlichen Bestimmungen in den verschiedenen Städten! –, aber es gibt fast überall Freilaufgebiete. In Berlin ist es geradezu ein Sport, dem Ordnungsamt zu entgehen. Sobald ein Kontrolleur zu unregelmäßigen Zeiten an einem Ende des Parks auftaucht, geht ein Lauffeuer durch die Grünanlage, und der nächste Ankömmling ist gewarnt: So etwas schweißt zusammen in der ansonsten weitverbreiteten Anonymität der Großstadt. Es kommt zu absurden, filmreifen Szenen, in denen erwachsene Menschen in blauen, sehr unvorteilhaften Uniformen plötzlich aus den Büschen springen, um einem ahnungslosen, gedankenverlorenen Hundebesitzer einen Strafzettel zu verpassen, oder Hundebesitzer unvermittelt die Beine in die Hand nehmen, um den Ordnungshütern zu entkommen. Diese Szenen gipfeln nicht selten in unschönen, lautstarken Auseinandersetzungen, denn Ordnungsamtvertreter haben nicht gelernt, das Wort „De-Eskalation" zu buchstabieren, und Hundebesitzer fühlen sich grundsätzlich und immer im Recht.

Stadthunde haben ein dichtes soziales Netz an Freunden und begleiten ihre Besitzer auch zwischendurch auf interessante Ausflüge in Parks, Restaurants, Cafés und mal kurz zum Briefkasten. In der Stadt gleicht kein Spaziergang dem anderen, die Gerüche verändern sich andauernd, die Erlebnisse sind nie dieselben, die Stimmung ist immer anders. Die wenigsten Landhunde führen ein so aufregendes Leben; stattdessen verbringen sie viel Zeit allein im Garten, wo sie jeden Grashalm und jeden Kieselstein bald auswendig kennen, und pflegen vor Langeweile nachhaltige Feindschaften mit den Nachbarhunden. Wenn das Leben zum Großteil aus der ewigen Suche nach unglaublichen Gerüchen besteht, ist die Stadt einfach nicht zu schlagen.

Natürlich gibt es Schwierigkeiten – Fahrradfahrer etwa, die mit einem solchen Affenzahn auf Parkwegen und Gehsteigen an einem vorbeirasen, dass man sich nur behände in die Büsche retten kann. Die meisten Hunde, die ich hatte, interessierten sich immer nur kurz für Fahrräder und begriffen bald, dass es selten für gute Laune sorgte, wenn sie sie verfolgten. Luise dagegen betrachtet Fahrräder, die zu nah an ihr vorbeifahren, als persönlichen Angriff auf ihre Individualdistanz. Kann man ja auch verstehen: Ich würde es auch nicht schätzen, wenn fehlender Abstand und zu große Geschwindigkeit dafür sorgen würden, dass meine Ohren im Luftzug flattern. Das Blöde ist nur, dass Luise dazu neigt, das Verhalten von Fahrradfahrern zu verallgemeinern: Wenn einer zu nah an ihr vorbeifährt, wartet sie den nächsten oder übernächsten ab, um sich zu rächen. Sie jagt nicht etwa hinterher, sondern bleibt stehen, mit vorgestrecktem Hals wie eine Muräne in der Höhle, und hält den nächsten Radfahrer am Hosenbein fest. Ohne das geringste Geräusch, ohne jegliches aggressives Begleitverhalten. Das ist den Betroffenen allerdings natürlich – völlig zu Recht – egal, die sich wahnsinnig aufregen, obwohl Luise das Hosenbein jeweils auch sofort wieder loslässt, ohne irgendwelchen Schaden anzurichten. Es geht ihr nur darum, ein Exempel zu statuieren, aber wie erklärt man das einem Radfahrer, der zumindest *gefühlt* davon ausgeht, ein riesiger Pudel habe ihn angefallen?

Es gibt natürlich auch Leute, die Hunde grundsätzlich für ihre natürlichen Feinde halten. Viele Jogger gehören zu dieser Gruppe. Eines Morgens ging ich an der Alster entlang, als Luise, damals vielleicht neun Monate alt, direkt vor mir und einer Joggerin den Weg kreuzte, ohne auf uns zu achten, und der Joggerin irgendwie zwischen die Beine geriet, die einen Schlenker machte, aber weiterlief, während Luise, ohne sich zu entschuldigen, weiter auf die Wiese trabte.

Nach dreißig Metern kam die Joggerin plötzlich zurück und sagte: „Leinen Sie Ihren Hund an, der hat mich gebissen."

„Wie bitte?", fragte ich entgeistert.

Die Joggerin war relativ jung, Anfang dreißig vielleicht, blond, und sah mich trotzig an.

„Ihr Hund hat mich gebissen, leinen Sie ihn an."

„Mein Hund hat Sie keineswegs gebissen, sie ist Ihnen zwischen die Beine geraten, ich habe es ja gesehen."

Luise stellte sich interessiert neben mich und wedelte freundlich. Die Frau, die offensichtlich den Tag nicht mit sonnigem Gemüt begonnen hatte, wich dramatisch zurück.

„Nehmen Sie ihn an die Leine!", zeterte sie. „Sonst rufe ich die Polizei!"

Ich schüttelte den Kopf und wollte meines Wegs gehen, aber die Joggerin heftete sich an meine Seite.

„Ich rufe jetzt die Polizei!", rief sie.

„Ich weiß überhaupt nicht, was Ihr Problem ist", sagte ich.

„Der Hund hat Sie angerempelt, sonst nichts, und jetzt lassen

Sie mich in Ruhe." Andere Jogger zogen in beträchtlichem Tempo an uns vorbei, Luise sah ihnen nicht einmal nach. „Sie sehen doch, dass der Hund mit Joggern nichts am Hut hat."

Keine Ahnung, was diese Person ritt, jedenfalls zückte sie ihr Handy und rief die Polizei an, während sie weiter neben mir herlief. Luise begann, mit einem ihr flüchtig bekannten Jack-Russell-Terrier zu spielen.

„Ich bin eben beim Joggen an der Alster von einem großen, schwarzen Hund angefallen und gebissen worden", erklärte die Joggerin einem Polizisten am Telefon, „und die Besitzerin weigert sich, den Hund an die Leine zu nehmen."

Luise und der Jack-Russell tobten auf der Wiese, der Jack-Russell nach Terrier-Art mit unglaublichem Getöse.

„Und jetzt fällt der Hund einen kleinen Hund an", berichtete die Joggerin dem Polizisten am Telefon.

Die Jack-Russell-Besitzerin tippte sich an die Stirn.

„Die Hunde spielen doch nur."

Diese Information wollte die Joggerin der Polizei aber nicht weiterleiten. Sie wollte ganz offensichtlich ein großes Drama inszenieren. Sie klappte das Handy zu und sah mich triumphierend an.

„Die Polizei kommt jetzt", sagte sie. „Sie sollen hier stehen bleiben."

Ich lachte ungläubig.

„Glauben Sie im Ernst, dass ich bei diesem Unsinn mitspielen möchte? Mein Hund hat Ihnen nichts getan, und ich werde jetzt mein Tagwerk fortsetzen."

„Auch noch feige!", schrie die Joggerin.

„Vielleicht zeigen Sie mir mal, wo mein Hund Sie angeblich gebissen hat?", fragte ich.

„Das geht Sie nichts an!", war die trotzige Antwort.

„Keine weiteren Fragen", sagte ich spöttisch und ging Richtung Parkplatz.

Mein Morgen war mir gründlich verdorben. Als ich in der Nähe meines Autos war, kam ein Polizeiauto angefahren. Die Joggerin raste auf den Wagen zu und zerrte den Polizisten beinahe heraus.

„Dieser Hund dort hat mich gebissen!", keifte sie und zeigte auf Luise, die sehr manierlich neben mir saß und aussah wie ein großes Steifftier. Wenn man genau hinsah, konnte man einen schwachen Heiligenschein über ihrem Kopf erkennen.

Der Polizist kam auf mich zu, Verwirrung im Blick, weil er nach den telefonischen Angaben offenbar den Hund von Baskerville erwartet hatte. Ich schenkte ihm mein gewinnendstes Lächeln, während ich meine Version der Geschichte erzählte. Luise gähnte und legte sich hin, während um uns herum Jogger Fersengeld gaben.

„Könnte es nicht sein, dass es sich hier um ein Missverständnis handelt?", fragte der Polizist vorsichtig in Richtung Joggerin.

„Der Hund hat mich gebissen. Ich habe mich zu Tode erschreckt, als ich die Zähne an meinem Bein spürte."

„Darf ich mal sehen, wo der Hund Sie erwischt hat?", fragte ich liebenswürdig.

Die Joggerin sah mich böse an, zog dann ihre Leggings hoch und zeigte auf eine alte, kleine, weiße Narbe am Schienbein.

„Das sieht eigentlich nicht sehr frisch aus", meinte der Polizist nachdenklich.

Die Joggerin schnaubte empört, schwieg aber.

„Und wo ist der kleine Hund, auf den dieser hier sich gestürzt hat, nachdem er Sie angefallen hatte?"

Die Besitzerin des Jack-Russells schob sich durch die Neugierigen, die uns mittlerweile fasziniert zusahen, als seien wir Frühstücksfernsehen live. Der Jack-Russell wedelte begeistert, als er seine Spielkameradin so entspannt auf dem Boden liegen sah, und stürzte sich mit lautem Spielknurren auf Luise, direkt an die Gurgel. Luise rollte sich glücklich auf den Rücken.

„Hm, ich verstehe", sagte der Polizist. „Ich muss Sie aufschreiben, weil hier an der Alster Leinenpflicht besteht, die Sie offenbar missachtet haben. Ansonsten kann ich nicht erkennen, dass dieser Hund sich in der Art und Weise verhalten haben soll, wie Sie vorgeben", sagte er zu der Joggerin gewandt.

Die errötete. Die Zuschauer grinsten boshaft. Als sich schließlich alle davongemacht hatten und ich dem Polizisten meine Personalien aufgesagt hatte, tätschelte er Luise den Kopf.

„Netter Hund", sagte er. „Sieh mal zu, dass du fremden Leuten nicht mehr vor die Füße rennst."

Damit steckte er Luise ihren Strafzettel ans Halsband, grüßte, stieg in sein Auto und fuhr davon. Ich zog den Strafzettel unter dem Halsband hervor. Kurioserweise hatte er Luise beide Durchschläge zugesteckt.

# 14

Meine Hunde sind außerordentlich kommunikativ, was ein weiterer Grund ist, weshalb sie das Leben in der Stadt durchaus genießen. In Hamburg wohnten wir in der Nähe der Universität, was für eine Vielzahl an Menschen unterschiedlichen Alters sorgte, die überall herumsaßen, sich unterhielten, lasen oder aßen.

Theo betrachtete sich stets als Pate von Eimsbüttel und hielt auf jedem Spaziergang Hof, grüßte nach rechts und nach links, probierte hier ein bisschen von Pommes Frites, die ihm gereicht wurden, dort ein bisschen von einem Stück Pizza. Er bettelte dabei nie offensichtlich, sondern setzte sich wie beiläufig auf die Füße der fremden Menschen in die Sonne und lächelte sie ab und zu von unten an.

In Restaurants macht er es ähnlich: Er geht von Tisch zu Tisch, sorgt eine Weile für Gesprächsstoff, um dann nach etwa zwanzig Minuten zum nächsten Tisch weiterzugehen. So macht er über den Abend verteilt die Runde, bis er jeweils an unserem Tisch ankommt, sich zu unseren Füßen niederlegt und laut schnarchend einschläft. „Ich finde, wir sollten für Theo ein Restaurant kaufen", meinte der Mann einmal. „Sein Berufswunsch ist ganz offensichtlich Maître d'."

Luise schätzt Restaurants auch als eine Art privates Infoprogramm: Sie schläft niemals, sondern nutzt die Zeit, um sehr aufmerksam und in kerzengerader Haltung sitzend die Tischmanieren der Nachbarn zu studieren. Jedenfalls solange keine Kinder im Restaurant anwesend sind: Dann ist sie kaum zu halten. Sie ist von Kleinkindern wie besessen und steckte ihren schwarzen Lockenkopf früher in jeden Kinderwagen, wenn ich nicht aufpasste, was die Kinder meistens entzückte, die Mütter weniger, weil vor ihrem inneren Auge meist eine ganze Diashow mit Bildern verstümmelter Kinder, entsetzlicher Viren, Tierhaarallergien und anderer Schrecken der Menschheit ablief.

Eines Tages verschwand Luise plötzlich auf offener Straße. Ich hatte eine Minute lang vor dem Blumenladen in den Pfingstrosen geschwelgt, und als ich mich umdrehte, war Luise weg, nicht mehr zu sehen. Sie war nicht in der Reinigung, wo meine Hunde von der wunderbaren Besitzerin Frau Frohriep grundsätzlich erst einmal ausführlich mit Putenschinken versorgt wurden, ganz egal, wie viele eilige Menschen auf ihre gebügelten Hemden warteten. Das führte dazu, dass Luise, Theo und Ida jeden Tag wie selbstverständlich in die Reinigung marschierten, und das nicht, um unsere Mangelwäsche abzuholen. Diesmal hatte Frau Frohriep Luise nicht gesehen, aber Theo und Ida nutzten den Moment, eine Handvoll Hundekuchen abzustauben, die Frau Frohriep ihnen einzeln fütterte und dabei vergnügt zwitscherte: „Jajaja, ich weiß doch, ich weiß doch, zu Hause gibt's so was Gutes nicht!" Ich überhörte diesen Affront aufgrund meiner akuten Stresssituation. Wieder auf der Straße, kam plötzlich eine junge Frau auf mich zu.

„Suchen Sie einen großen, schwarzen Pudel?", fragte sie mich. „Der sitzt in meinem Auto und ich bekomme ihn nicht heraus."

Auf dem Rücksitz eines schicken schwarzen Mercedes saß Luise neben einem zweijährigen Kind im Kindersitz und hatte in stiller Anbetung ihr Kinn auf dessen kleines, dickes Knie gelegt. Das Kind jauchzte. Die Mutter guckte zweifelnd, was ihr auch nicht zu verübeln war. Ich entschuldigte mich wortreich, während ich die renitente Luise aus dem Auto zerrte. Sie war fest entschlossen, sich adoptieren zu lassen.

„Sie liebt Kinder", sagte ich. „Sie findet, zur artgerechten Pudelhaltung gehört mindestens ein Kleinkind."

Die Frau lächelte unsicher, als habe sie sich noch nicht entschieden, wen sie eigentlich bizarrer fand: Luise von Baskerville oder die offensichtlich etwas irre Besitzerin.

Ida dagegen bettelt niemals fremde Menschen an, Kinder sind ihr ziemlich egal, und Restaurants findet sie langweilig. Es fällt ihr schwer, in ungewohnter Umgebung lange still zu liegen, weil ihr dauernd Dinge einfallen, die sie machen möchte. Auch als erwachsener Hund ist Ida so unterhaltsam wie eine komplette Fernsehserie. Andauernd denkt sie sich neue Sachen aus und überredet mit ihrem Charme selbst völlig Fremde wie unsere Postpaketbotin, sich kurz auf irgendwelchen Unsinn einzulassen. Jeden Morgen rast sie die zwei Stockwerke hinunter in den Hausflur, um unsere Zeitung zu holen, die der Bote unter die Briefkästen legt. Wenn sie sie nicht finden kann, nimmt sie die von einem Nachbarn. Wenn sie zu früh ist, bringt sie irgendetwas anderes mit, von dem sie findet, dass es einer Zeitung ähnelt – eine Fußmatte, einen Ast, eine Broschüre des Pizza-Lieferservices. Ein Ausflug ins Treppenhaus ist bei Ida niemals umsonst.

Ihr unternehmungslustiger Charakter wurde schon früh in ihrer Kindheit geprägt. In Hamburg wohnten wir in einem schönen alten Mietshaus, in dessen Wohnungen fast überall Freunde wohnten. Ida hatte schnell gelernt, unsere Wohnungstür zu öffnen, und ging die Nachbarn besuchen, bei denen sie meist willkommen war. Sie drückte ihrerseits ihre Wertschätzung aus, indem sie sich kleine Erinnerungen von ihnen mitbrachte – eine CD der Ärzte, eine Zange, einen Pantoffel. Einmal brachte sie sogar eine goldene Jaeger-LeCoultre-Uhr mit.

„Dieser Hund hat jede Menge kriminelle Energie", meinte der Mann, aber ich sah tiefer: Idas Mission war die Rettung von

Altmaterial. Nach welchen Kriterien sie die Dinge aussuchte, blieb dabei ihr persönliches Geheimnis. Eines Tages kam ich aus dem Bad und hörte ein unglaubliches Getöse im Hausflur. Die Wohnungstür war offen. Ida hatte meine Abwesenheit ganz offensichtlich dafür genutzt, um einen kleinen Spaziergang durchs Treppenhaus zu machen. Oben auf dem Treppenabsatz sah ich, wie sie ein schweres, unaufgepumptes Schlauchboot die Stufen hinaufzerrte. Offensichtlich war sie der Meinung, dass so etwas in keinem Zuhause fehlen dürfe, auf jeden Fall nicht in unserem. Sie schleppte das Riesending in unseren Flur, wo sie es mit einem zufriedenen Gesichtsausdruck und dem nicht übersehbaren Gefühl, unser Heim ein bisschen schöner gemacht zu haben, losließ.

Bei all ihrem Enthusiasmus und der bewundernswerten Hingabe zum Apportieren entwickelte sie allerdings nie eine befriedigende Rückgabestrategie. Das überließ sie mir oder dem Mann, was einer der Gründe ist, weshalb ich gelernt habe, mich besonders eloquent und charmant zu entschuldigen.

# 15

Es ist leicht, Ida Kunststücke beizubringen. Sie dagegen bestimmte Befehle oder gar das Gehen an der Leine zu lehren, war eine ganz andere Sache. Sie hasst es, wenn man versucht, sie am Halsband irgendwo hinzuziehen. Sie wirft sich dann sofort gegen den Druck, den man ganz sanft an ihrem Hals ausübt. Das erste Mal hatte ich sie im Haus ihrer Züchterin an die Leine genommen, nur um zu sehen, wie aufmerksam sie mir gegenüber war. Sie trabte ganz willig neben mir her, ohne irgendwelche Renitenz zu zeigen. Zu Hause auf der Straße bot sich ein ganz anderes Bild. Ida stemmte die Pfoten in den Asphalt und weigerte sich, auch nur einen Zentimeter vorwärts zu gehen, solange sie eine Leine am Halsband spürte. Ich zupfte. Ich lockte. Ich zog. Ida wehrte sich wie ein bockiges Fohlen, hopste herum und jammerte. Die Nachbarn riefen „Sie tun dem kleinen Hund ja weh!" aus dem Fenster. Ich nahm sie auf den Arm und ging völlig verwirrt nach Hause. Ich hatte noch nie ein Problem damit gehabt, einem Hund beizubringen, vernünftig an der Leine zu gehen. Aber Ida schien es sowieso als ihre Aufgabe zu betrachten, mir zu zeigen, dass ich nicht so viel über Hunde wusste, wie ich mir einbildete.

Der Mann in meinem Leben, Stern meines Firmaments, sieht sich gerne als Siegfried den Tigerbändiger und meinte, ich sei einfach nicht konsequent genug. Er schleppte Ida nach draußen, setzte sie auf dem Bürgersteig ab und stapfte los. Ida stieg und hopste herum, galoppierte rückwärts und jammerte. „Sie will einfach nicht an der Leine gehen", sagte der Mann bewundernd, als hätte er dieses Problem gerade erst entdeckt.

Für Männer ist ein Problem erst dann real existent, wenn sie die Erfahrung selbst machen können. Er zog sie einfach hinter sich her, bis sie anfing zu röcheln. Die Nachbarn drohten damit, ihn bei PETA anzuzeigen. „Ich persönlich glaube ja, sie steht auf autoerotische Strangulierung", meinte der Mann, als er Ida wieder nach Hause trug. Sie leckte ihm tröstend das Gesicht mit ihrer rosa Kinderzunge.

Julia, die in München eine hochklassige Hundebedarfsboutique namens „Cane e Gatto" führt, war der Meinung, Ida weigere sich deshalb, auch nur einen Schritt zu tun, weil ich sie zwang, an einer 5-Euro-Nylonleine zu laufen.

„An dieser hier wäre es bestimmt leichter", sagte sie und hielt mir eine sehr hübsche, rundgenähte Elchlederleine mit passendem Halsband für 140 Euro hin.

Meine Hunde sind hervorragend ausgestattet, aber mit Rücksicht auf Idas Vorliebe für teure Materialien zwischen ihren kleinen Haizähnen lehnte ich ab.

„Du kannst nicht erwarten, dass sie umsonst arbeitet", sagte Julia und überredete mich, in winzige Hundebonbons in Form kleiner Knochen zu investieren.

Ich bin im Grunde gegen Erziehung mit Belohnungshäppchen, weil ich grundsätzlich etwas gegen Korruption habe. Außerdem mag ich es nicht, wenn Hunde mit diesem speziellen Keksgesicht angelaufen kommen, nachdem man sie gerufen hat, und hypnotisiert auf die Jackentasche starren, anstatt einem offen ins Gesicht zu blicken. Bei Ida machte ich nun eine Ausnahme. Ich hielt ihr einen winzigen Knochen hin. Sie erstarrte. Ich schob ihr den Knochen zwischen die Vorderzähne. Ida schluckte, ich hielt ihr den nächsten hin – sie folgte. Es dauerte eine halbe Stunde und eine Packung Miniknochen, um die zwanzig Meter von unserer Haustür bis zur Straßenecke zurückzulegen. „Gut so, Kleine!", feuerten die Nachbarn sie aus Fenstern und von Balkonen an, und Ida, geschmeichelt über die Aufmerksamkeit, die sie erregte, legte etwas an Geschwindigkeit zu. Als wir endlich die nächste Ecke erreicht hatten, tänzelte sie wie ein kleines Zirkuspony in der Manege. Touristen blieben stehen und wollten den braunen Babypudel streicheln. Ida hatte eine Erleuchtung: An der Leine zu gehen, bedeutete mehr Aufmerksamkeit.

„Meine Hunde sind allesamt Rampensäue", sagte ich später zu dem Mann. Ich konnte seine Antwort nicht genau verstehen, aber ich glaube, er sagte: „Wie der Herr, so's G'scherr."

# 16

Ida ist so vollkommen uninteressiert an artfremden Tieren, dass sie gar nicht wüsste, was sie mit einer Maus anfangen sollte, wenn sie sich ihr in den Weg werfen würde. Ich vermute, sie würde sich sogar ein bisschen grausen. Die Situation ändert sich allerdings schlagartig, sobald die Maus mindestens zehn Tage tot ist und einen starken Verwesungsgeruch entwickelt hat. Ich habe noch keinen Hund erlebt, der sich so nachhaltig seinem Hobby widmet, sich möglichst häufig und möglichst schnell in grauenvollen Dingen zu wälzen. Ich halte meine Hunde praktisch für mein besseres Ich, aber früher war ich mir manchmal nicht ganz sicher, wie schlau Ida eigentlich ist. Mit Hunden ist es offenbar so wie mit manchen Männern: Wenn sie besonders hübsch sind, sind sie längst noch nicht in der Lage, ihre Gedanken sinnvoll aneinanderzureihen, aber dank ihres Aussehens verzeiht man ihnen das eher.

Es lässt sich anfangs ja auch schwer sagen, wie klug ein Tier ist, solange man sich noch in der „Braaaaver Hund!"-Phase befindet, in der man dem Welpen jedes Mal das Bundesverdienstkreuz dafür verleiht, dass er mal *nicht* auf den Teppich gepieselt hat. Die perfekte Luise ist tatsächlich so klug, wie sich das für ihre Rasse sprichwörtlich gehört. Bei dem Reservepudel Ida habe ich manchmal die Befürchtung, dass da außer Charme nicht viel mehr ist. Als ich sie aussuchte, unterschied sie sich von ihren Geschwistern durch einen äußerst aufmerksamen, aufgeweckten Gesichtsausdruck. Ich dachte, dies bedeute, dass sie jedes kleinste Detail ihres Umfelds absorbieren und mit Lichtgeschwindigkeit analysieren könne, so wie

Lassie, die auch immer so wach guckte. Vielleicht schien das
im Fall der Fernseh-Hündin auch nur so, weil sie bei einer
Familie von Vollidioten lebte. Ständig geriet einer von denen
in den Treibsand oder unter einen Traktor, und Lassie rannte
nach Hause, um die anderen zu Hilfe zu holen, zerrte an ihren
Ärmeln und jaulte erbarmungswürdig. Die Familienmitglie-
der, die gerade nicht in Not waren, sahen sie jedes Mal erstaunt
an und fragten: „Was ist denn, Lassie? Ist etwas passiert? Meint
ihr, sie will uns etwas zeigen?" – als sei dies das erste Mal und
nicht schon die 190. Folge. Ich weiß nicht, wie diese Familie
jemals dazu kam, ihre Ernte einzufahren bei der ganzen Zeit,
die sie ständig unter irgendwelchen Rädern verbrachte. Wahrscheinlich überlebte sie nur aufgrund staatlicher Landwirt-
schaftszuschüsse, die Lassie für sie beantragte.

Ida scheint nicht ganz so schlau zu sein wie Lassie. Sie sieht
zwar ausgesprochen pfiffig aus, aber das ist nur ihre Art, die
Frage zu verbergen, die ihr Dasein bestimmt: „Hä?" Beispielsweise saß Ida einmal sehr pfiffig aussehend im Park, als ein
Eichhörnchen *direkt* an ihr vorbeilief. Nicht einmal Theo konnte widerstehen, es in bester Abenteuerhund-Manier zu verfolgen, obwohl er normalerweise so viel Jagdinstinkt hat wie ein
Stuhlbein. Nach ein paar Sekunden Verzögerung, während
derer ihr Nervensystem die Botschaft, dass irgendetwas los sei,
per Fußboten von ihren Augen zu ihrem kleinen Hirn trans-
portierte, starrte Ida in voller Action-dog-Haltung genau in die
*entgegengesetzte* Richtung: „Hä?"

Die kluge und gelehrige Luise ist das genaue Gegenteil. Bei
aller Eleganz und Anmut widmet sie sich entgegen ihrem wür-
devollen Habitus mit Feuereifer allen traditionellen kaniden
Aufgaben wie etwa der Jagd von Eichhörnchen, Wühlmäusen
und Kaninchen, dem Herumgraben oder dem Ausräumen von
Mülleimern. Theo, der sich in der Menschwerdung bereits auf
einer anderen Ebene befindet als Ida, lässt sich auf Spaziergän-

gen nur selten aus der Ruhe bringen. Mit forensischer Sorgfalt untersucht er Wegränder, Lampenpfähle und Häuserecken, bis sein Sensationshunger gestillt ist. Jagdeifer kennt er nicht. Einmal, im Garten meiner Eltern, schlief er sogar mit dem Kopf in einem Mausenest ein.

Jedes Kind in der Nachbarschaft liebt Theo. Für viele Kinder sind meine Hunde der erste Kontakt zu der fremden Art. Der dreijährige Sohn einer Nachbarin, ein hinreißender, schüchterner Junge mit großen, braunen Augen, lieh sich den Mops eine Zeit lang jeden Tag aus, um mit ihm auf dem Sofa zu kuscheln und Bilderbücher oder Videos anzusehen. Während er an seinem Daumen lutschte, drehte er unablässig Theos schwarzes Samtohr. Es sitzt trotzdem noch ganz fest.

Aber selbst Theo bewies vor Kurzem, dass er trotz tiefer Falten auf seiner Denkerstirn möglicherweise eher schlicht veranlagt ist. Wir hatten Besuch, den er eine halbe Stunde lang überhaupt nicht bemerkte. Als er den Freund schließlich entdeckte, der längst plaudernd mit einem Glas Rotwein auf dem Sofa saß, geriet Theo so in Raserei, als sei gerade die Charles-Manson-Bande bei uns eingebrochen – bis er mich neben dem Besuch entdeckte. Als seine Gehirnzelle registrierte, dass ich die Person war, mit der er seit über zwölf Jahren zusammenlebte, beruhigte er sich und schlief weiter. Er sah sehr niedlich dabei aus.

Ich werde bald noch einmal den Hunde-Intelligenztest machen, bei dem man dem Hund einen Ball zeigt und ihn anschließend unter eine Decke legt, um zu sehen, ob er den Ball findet. Ida hat den Ball noch nie gefunden. Ich bezweifle, dass Theo die Decke fände. Mit Hunden ist es eben wie mit Männern auch: Stille Wasser sind nicht unbedingt tief. Manchmal sind sie einfach nur still.

# 17

Ida hat einen kleinen lila Kong, den sie zärtlich liebt. Laien muss man vielleicht erklären, was ein Kong ist – echte Hundefreaks wissen das: Der Kong ist das beste Hundespielzeug der Welt, eine Art Ball mit zwei Taillen aus Kautschuk, der durch seine Form ganz unberechenbar herumspringt. Ida hat zu ihrem Kong eine ganz besondere Beziehung entwickelt. Vor den ganz großen, schweren, die ihrer Größe angemessen wären, hat sie Angst: zu hart für ihr Gefühl, und sie ist eben ein richtiges Mädchen. Stattdessen schleppt sie seit Jahren diesen lila „Puppy-Kong" mit sich herum.

Und der hat eine lange Geschichte: Wir haben ihn ungefähr so lange, wie wir Ida haben, die in der Zwischenzeit unzählige ähnliche Kongs in Tümpeln oder tiefen Erdlöchern verloren hat. Ihr spezieller lila Freund ist Tausende Male geworfen und apportiert worden, bei jedem Wetter, auf jedem denkbaren Boden. Einmal verlor sie ihn in einem Schneehaufen. Stundenlange Suche und gewissenhafte Bemühungen auch von Luise, dem Mann, mir und verschiedenen Nachbarn, die ihre Hilfe anboten, beförderten den Kong nicht mehr ans Licht. Als es Frühling wurde und der Schnee sich langsam auflöste, ging Ida noch einmal zu dem Matschhaufen und grub ihren Kong aus, als hätte sie ihn eben gerade darin vergessen.

Eine besondere Leidenschaft von ihr ist es, den Kong in flaches Wasser zu werfen, wo sie ihn mit der Pfote immer wieder nach unten drückt, um ihn schließlich aufzufangen, wenn er wieder hochflutscht. Sie versenkte auf diese Weise unendliche Mengen von Bällen und anderem Spielzeug auf Nimmerwiedersehen in Kanälen, Seen, Tümpeln und Teichen, aber irgendwie schafften wir es immer, den heiligen lila Kong zu retten. Er sah längst aus, als hätte er bereits mehrere Kriege hinter sich, mit Rissen und Flecken, und die Zeit im Schnee hatte seine Oberfläche rauer gemacht. Er wirkte wie mit Krakelee überzogen, aber er hüpfte noch wie am ersten Tag. Immer, wenn Ida sich mit strahlendem Gesichtsausdruck und ihrem Kong im Maul einem tieferen Gewässer näherte, rief ich nach ihr, aber ich konnte sie einfach nicht davon überzeugen, dass sie auf diese Weise eines Tages ihren wundervollen Kong verlieren würde. Keine Ahnung, ob sie irgendeinem Instinkt folgte oder einfach pervers veranlagt war.

Einmal hatte ich vergessen, dass Ida mit ihrem lila Kong unterwegs war, und sie trabte stolz und hoch aufgerichtet an einen kleinen Kanal am Straßenrand, lehnte sich über das Ufer und ließ den Gummifreund fallen. Ich raste los und versuchte, den Kong aufzuhalten, der lustig mit dem Strom über die Wellen tanzte. Er prallte an den Mauern ab, hopste wie zu einem letzten Gruß noch einmal hoch und verschwand hinter einem Gullygitter.

Ida guckte fassungslos und verstört. Jeden Tag, wenn wir an der Stelle vorbeikamen, rannte sie zum Gitter und starrte ins Wasser, ob ihr dusseliger Kong wieder aufgetaucht war, und sah dann mich flehend an. Ich konnte nichts tun.

Wochen später, an einem sehr frühen Sonntagmorgen während eines heftigen Frühlingssturmes, sah ich Ida, die vor dem Gullygitter des Kanals stand und ekstatisch bellte und herumhüpfte. Als ich zu ihr rannte, sah ich zu meinem wirklich allergrößten Erstaunen den lila Kong hinter dem Gitter im Wasser auf und ab hüpfen. Offensichtlich war er dort all die Wochen festgeklemmt gewesen, und der starke Regen hatte das Wasser steigen lassen und ihn – wenigstens halb – befreit. Ida war begeistert, guckte immer den Kong an und dann wieder mich.

„Er ist hinter dem Gitter", plädierte ich, als könne sie mich verstehen, „da komme ich nicht dran. Außerdem ist das Ding inzwischen bestimmt widerlich." Ich tat so, als wüsste ich nicht, worauf dieser Vormittag hinauslaufen würde. Dabei wussten wir es alle.

Während Ida mich mit begeistertem Kläffen anfeuerte, versuchte ich, mit einem Stock den Kong zu erreichen. Der Stock war nicht lang genug – es fehlten genau eineinhalb Zentimeter. Der Kong tanzte auf dem gurgelnden Wasser, hinter mir tanzte Ida, in der Hoffnung, dass ich ihr zu ihrem Glück verhelfen würde. Und zwar schnell.

Der Kong rutschte etwas weiter. Mittlerweile sah ich genauso aus wie meine beiden begossenen Pudel, also konnte ich ebenso gut auf die Knie gehen bei dem Versuch, das lila Zauberding zu erreichen. Ida starrte auf mich und den Kong. Luise setzte sich im mittlerweile strömenden Regen hin und betrachtete mich mitleidig: Ich war ja vielleicht irre, aber sie würde das mit mir aussitzen.

Irgendwann lag ich auf der Straße mit dem Kopf nach unten im Kanaleingang, während ich mit dem Stock im Gullygitter stocherte. Entfernt hörte ich hinter mir ein Auto, dann ein zweites, und plötzlich sah ich neben mir zwei Paar senffarbene Hosenbeine.

„Guten Morgen", sagte der eine Polizist.

„Morgen", antwortete ich. War es wohl verboten, im Gully herumzustochern?

In diesem Augenblick bekam ich den Kong zu fassen, navigierte ihn mit dem Stock durch das strudelnde Wasser zu mir und griff nach ihm, bekam ihn aber nicht zu fassen. Meine Ärmel waren nass, aber das war egal: Der Kong lebte. Ida saß wie angewachsen neben mir und starrte nach unten.

„Geht es Ihnen gut?", fragte mich der Polizist endlich.

Nach allem, was wir durchgemacht hatten, konnte ich den

Kong jetzt nicht seinem Schicksal überlassen und mich um die Polizisten kümmern. Ich versuchte, das lila Ding so mit dem Stock zu mir heranzumanövrieren, dass ich es greifen konnte, was aus meinem Winkel nicht so einfach war.

„Aber sicher", antwortete ich, immer noch auf dem Bauch liegend. „Wieso sollte es mir nicht gut gehen? Die Hunde sind ganz freundlich. Ich leine sie auch gleich wieder an."

„Na ja, wissen Sie", sagte der Polizist aufgeräumt, „es schüttet, es ist halb sieben Uhr an einem Sonntagmorgen, und Sie liegen mit dem Kopf nach unten auf der Straße über einer Kanalöffnung."

Ich richtete mich triumphierend auf, setzte mich auf die Knie und hielt – Tadaa! – den Kong hoch. Idas komplette Körperhaltung drückte nichts weniger als vollständige Begeisterung aus, aber ich ließ sie den Kong nicht anfassen. *Niemand* würde das Ding anfassen, bis wir nicht mindestens 500 Meter entfernt von irgendwelchen Gewässern oder Pfützen waren.

„Mein Hund hat sein Lieblingsspielzeug verloren", erklärte ich den beiden Polizisten, die mich sprachlos anstarrten – obwohl Kreuzberger Polizisten einiges gewohnt sein müssten, sollte man meinen. Ich konnte nur ahnen, mit was für einem Genuss sie diese Geschichte ihren Kumpels auf der Wache erzählen würden.

Ein Anwohner hatte friedlich aus dem Fenster geschaut und mich auf der Straße liegen sehen, umringt von vier klatschnassen Hunden, und war davon ausgegangen, dass ich entweder ein massives Drogenproblem oder einen Herzinfarkt erlitten hatte. Was sollte ich sagen? Ich versicherte den beiden Polizisten, dass ich trotz meines Anblicks – patschnass und ziemlich schmutzig – völlig gesund sei, und wendete mich ziemlich geniert zum Gehen.

„Ihr Hund wäre ich auch gern", sagte der eine Polizist, kletterte wieder in sein Auto und fuhr von dannen.

# 18

In der Stadt sind Hunde eine Art gesellschaftliches Schmiermittel. Mit einem Hund ist man unglaublich ansprechbar, mit mehr als zwei Hunden ist man praktisch Freiwild. „Mami, die Frau hat DREI Hunde!", rufen Kinder auf offener Straße und zeigen mit dem Finger auf mich, Mütter starren mich mit offenem Mund an, ältere Leute schütteln fassungslos den Kopf, während schwule Friseure und Antiquitätenhändler „Nein, wie *süß!*" hinter mir herrufen. Nur selten jedenfalls gehen Menschen mit neutraler Miene an mir vorbei. Ganz erklären kann ich mir das eigentlich nicht, ich gehe schließlich nur mit drei oder vier Hunden spazieren, nicht mit acht oder neun Lamas. Aber wenn ich mich auf dem Fahrrad bewege – Theo im Fahrradkorb, die Pudel an der Leine nebenher –, erlahmt auf Kreuzungen der Verkehr.

Als ich noch zwei Möpse hatte, gab es nicht einen einzigen blödsinnigen Witz, den ich im Laufe der Zeit nicht bereits hundertzehn Mal gehört hätte: „Guck mal, die hat aber hübsche Möpse!", „Sieh mal, die beiden Möpse – nein, vier!", oder Anrufe, die wie folgt begannen: „Na, wie geht's deinen Möpsen?" Das Dumme war, dass jeder Einzelne sich für den Erfinder des lustigsten Witzes aller Zeiten hielt und es mir immer irgendwie unhöflich erschien zu sagen: „Glauben Sie allen Ernstes, Sie seien der Erste, dem dieser Witz eingefallen ist?"

Seitdem durch Emilys Tod die Steilvorlage des Mops-Doppelpacks weggefallen ist, sind es andere Sprüche, die eher Ungläubigkeit ausdrücken.

„Warum haben Sie denn vier Hunde?", werde ich häufig entrüstet gefragt.

„Weil fünf einfach zu viele sind", fiel mir darauf irgendwann ein, und danach war Ruhe.

Die Hunde-Kombi, die ich mit mir herumführe, scheint besonders auffällig, gleichzeitig aber positiv behaftet zu sein. Ich werde mit meinem Wanderzirkus nicht böse angesehen, auch dann nicht, wenn ich mit allen zusammen ins Restaurant oder ins Café gehe. Hätte ich drei Rottweiler dabei oder drei Schäferhunde, sähe die Sache vielleicht anders aus. Aber mit dieser Ansammlung von Salonhunden gab es eigentlich nie Probleme, außer, dass ich meine Hunde manchmal vor übermotivierten Kleinkindern beschützen muss, deren Mütter offenbar der Meinung sind, ein Cafébesuch sei genau das Richtige für ein wenig Naturkunde zwischendurch. Ansonsten bekommen meine Hunde ihr Getränk meistens schneller gebracht als ich, und wenn Theo, mit fortschreitender Vergreisung etwas irritiert von dunklen Schatten, plötzlich unmotiviert bellt, wird ihm das lächelnd als Recht auf freie Meinungsäußerung nachgesehen. „Wenn nur manche Kinder so gut erzogen wären", bekommt man dann hin und wieder noch gesagt, mit bedeutungsvollem Blick auf die quietschenden Knirpse am Nachbartisch.

Dabei glauben sich Hundebesitzer überall von Hundefeinden umstellt, aber wo sollen die eigentlich sein? Wenn ich mit meinen Hunden zum Postamt gehe, bekommen sie Hundekekse und Putenbrust gereicht – mir wurde dort außer Briefmarken noch nie etwas angeboten. Meine Hunde haben das große Glück, zu einer Zeit angekommen zu sein, als das gesamte Land dem Hundewahnsinn verfiel. Deutschland ist ein hundefreundliches, ja, hundeverrücktes Land, aber die Hundebesitzer misstrauen der Freundlichkeit wie dem Ordnungsamt, weil es eben auch einzelne Wenige gibt, die nicht vor Freude in die Knie gehen, wenn ein riesiger, nasser Golden Retriever auf ihrer Picknickdecke sein olfaktorisches Forschungsprogramm betreibt. Natürlich gibt es hysterische Hundehasser, aber welche Spezies hat keine Gegner?

Dem Hund werden überall Brücken in die menschliche Gesellschaft gebaut. Es gibt Einsteigehilfen für arthritische Hunde, Fleecekuschelhöhlen und Elchlederleinen, so weich wie feine Handschuhe. Es werden weder Kosten noch Mühen gescheut, das ausländische Hundeelend ins Land zu fliegen, Hundepsychologen bringen Tiere in das ihnen zustehende Gleichgewicht, und die Fernsehkanäle sind voll mit Sendungen über Hundetraining, Hundeerziehung und Hundekliniken. In den Buchgeschäften ist die Abteilung mit Hundebüchern mittlerweile fast so groß wie der Bereich der Kriminalromane und voller Ratgeber darüber, wie man die Beziehung zu seinem Hund verbessern kann.

Die meisten operieren dabei über den Schuldgefühl-Mechanismus wie New-Age-Selbsthilfebücher und Frauenzeitschriften. Herrchen ist immer schuld: Wer mit seinem Hund nur zweieinhalb Stunden spazieren geht, ohne am Wochenende noch Flyball und Frisbee zu spielen oder Fährtenhund- und Dogdance-Kurse zu belegen, hält seinen Vierbeiner nicht artgerecht. Wer allerdings Hundesport mit Turnierabsichten betreibt, macht es auch falsch, denn der Hund solle so erzogen werden, wie es für ihn, den Hund, sinnvoll sei. Wer seinen Hund mit deutlichen NEINs erzieht, gilt als Tierquäler. Wenn ein Hund nicht auf die Politik des „liebevollen Ignorierens" reagiert, ist er wahrscheinlich ein hoffnungsloser Fall, mit Sicherheit aber einer für den Verhaltenstherapeuten. Wer offen berichtet, er ernähre seinen Hund mit Supermarktfutter, gilt fast als ein Fall für PETA. Stattdessen fahren wir in entfernt gelegene Spezialgeschäfte und Luxus-Hundeboutiquen, um dort biologisch-angemessenes Premium-Futter aus unabhängigen Familienbetrieben zu kaufen, und achten darauf, das auch schwarze Johannisbeeren, Mariendistel, Vogelmiere und Bohnenkraut darin enthalten sind. Missverstehen Sie mich nicht: Auch ich mache ein ungeheures Theater, was die Ernährung meiner Hunde betrifft, vor allem, wenn man es mit den „Lebensmitteln" vergleicht, die bei uns für die Menschen bestimmt sind. (Ich persönlich halte ja Nudeln, Snickers und Eiscreme für ausgewogene Ernährung.)

Neulich erklärte mir eine Frau im Tiergarten, ihr Hund sei „ihr allerbester Freund", ob ich das nicht auch so sähe. Ich dachte daran, dass die niedliche, lockige Ida sich gerade am Tag zuvor in ungefähr vier Zentimeter dickem menschlichem Kot gewälzt hatte, und war froh, dass die meisten meiner Freunde solche Angewohnheiten nicht teilen.

„Na ja, manchmal sind sie auch der Fluch meiner Existenz", versuchte ich zu scherzen.

Die Frau blickte mich kalt an. „Mein Yorkie ist wie eine Tochter für mich."

Es reicht nicht aus, Hundehalter oder Hundebesitzer zu sein: Man muss Hundemutter oder Hundepapa werden.

Meine Freundin Gaby hat eine Hundeschule in Hamburg, die ich inzwischen nur noch die „Betty-Ford-Klinik für Hunde" nenne. Unterricht bei Gaby ist eine Art Militärcamp für chronische Schuhfresser, Angstbeißer, Hunde, die nicht alleine bleiben können, und alle anderen, die gesellschaftlich auf die schiefe Bahn geraten sind. Manchmal nimmt sie auch Hunde in Pflege. „Du ahnst nicht, was für Trennungsängste viele dieser Hundebesitzer durchmachen", erzählt sie. „Sie bringen tütenweise Decken, Spielsachen, Kekse und Bälle mit und rufen täglich an, wie es ihrem Hündchen geht. Sie weinen, sie fragen, ob ihr Hund sie anschließend noch mögen wird, ob er sie vergessen wird."

Einmal erlebte ich so einen Fall tatsächlich: Eine Frau parkte während ihrer zehn Tage Ferien ihre beiden Havaneser bei Gaby. Als sie zurückkam, war die Wiedersehensfreude bei ihren Hunden nicht so umwerfend, wie sie es sich zweifellos erträumt hatte: Ihre Hunde begrüßten sie eilig, um dann umzudrehen und im Garten weiter mit den anderen Hunden die Kaninchen in ihrem Gehege anzustarren. Die Frau reagierte, als sei sie bis ins Innerste getroffen. Dabei hatten sich ihre Hunde während ihrer Abwesenheit einfach großartig amüsiert, tobten den ganzen Tag auf dem Hundeplatz, spielten mit anderen Hunden, und wenn sie müde waren, hopsten sie ins Bett der dreijährigen Tochter meiner Freundin. Die Hundebesitzerin war nicht erfreut. „Hoffentlich verklagt sie dich nicht auf Havaneser-Entfremdung", fürchtete ich.

Ich liebe meine Hunde sehr; ich bin ungern ohne sie, und ich gebe mir allergrößte Mühe, ihr Leben abenteuerlich und vergnügt zu gestalten. Sie haben mir gezeigt, dass ich in diesen Hundesachen gut bin – darin, sie aufzuziehen, sie zu erziehen und zu lieben. Sie brauchen klare Ansagen, gerechte Führung und jemanden, dem sie vertrauen können. Ich fühle mich dafür verantwortlich, sie entsprechend ihrer natürlichen Bedürfnisse artgerecht zu halten und ihnen gleichzeitig klarzumachen, was ich von ihnen erwarte, wie ihre Version des Vertrags aussieht.

Für jemanden, der hauptsächlich schreibt, sind Hunde als ruhige, geduldige Begleiter wundervoll. Sie sind einfach da, schnarchen leise vor sich hin, verhindern aber gleichzeitig, dass man einen kompletten Tag ausschließlich auf seinem Hintern sitzend verbringt. Ich schreibe jeden Tag und an vielen Abenden, und die Hunde begreifen ihren Teil der Abmachung: Sie kennen die Bedeutung des tiefen Akkords, wenn ich den Computer anwerfe, und verfallen umgehend in einen komaartigen Zustand der totalen Entspannung. Sie könnten sich ohne Weiteres miteinander amüsieren und in einem anderen Zimmer spielen, aber sie tun es nicht. Sie liegen um mich herum oder zu meinen Füßen, Luise oft mit einer Pfote auf meinem bestrumpften Fuß. Sie lassen mich in Ruhe denken, wundern sich nicht, wenn ich immer wieder aufstehe und einzelne Tassen Tee aufbrühe, sobald ich in einem Satz oder Absatz stecken bleibe. Sie kennen das schon, dass ich manchmal lange an die Wand oder aus dem Fenster starre bei dem Versuch, meine Gedanken zu sortieren.

Als Unterbrechung meiner Denkkrämpfe packe ich jeden Tag gegen zwei Uhr die Hunde ins Auto und fahre ins Grüne. Wir machen lange Spaziergänge, auf denen ich gezwungen werde, an etwas anderes zu denken als die jeweiligen Artikel oder Kapitel, die ich gerade schreibe, oder die Befindlichkeiten der Leute, über die ich schreibe, oder die Machtprobleme der Redakteure, mit denen ich zusammenarbeite. Jedes der Tiere hat seine Eigenheiten, auf die ich bei Spaziergängen achten muss, falls ich wieder mit allen zusammen am Auto ankommen möchte.

Meine Hunde geben mir immer wieder echte Glücksgefühle, sie machen mich immer wieder zutiefst zufrieden, wenn sie etwa irgendwelche sinnlosen Kunststücke gelernt haben, weil sie genauso albern sind wie ich oder weil sie sich über die einfachsten Dinge so ungeheuer freuen können. Hunde leben in einer Größenordnung, die ich nachvollziehen kann. Sie erden mich auf ganz elementare Weise. Wir kümmern uns umeinander: Meine Hunde haben mich viel über Geduld und Treue gelehrt, und sie haben dafür ein Zuhause und einen Freund fürs Leben. Ich traue und vertraue ihnen vollkommen und sie mir genauso. Das ist ein sehr starkes Band in einer Beziehung, ganz egal, um welche Spezies es sich handelt.

Trotzdem habe ich in den 27 Jahren, in denen ich mit Hunden lebe, noch nie für einen meiner Hunde eine Geburtstagsparty veranstaltet und keinem ihrer Hundefreunde eine „Gute Besserung!"-Karte nach der Kastration geschickt. Und man denke sich bloß: Ich habe sie auch noch nie zu Fasching verkleidet.

# 19

Berlin ist anders als andere Städte, auch für Hunde. Der Berliner liebt seinen Hund – es gibt über 100.000 davon in der Stadt –, obwohl seit hunderttausend Jahren darüber lamentiert wird, dass die Stadt in Hundekot erstickt. Gleichzeitig ist Berlin interessanterweise die einzige Großstadt Deutschlands, in der es nirgends Kackbeutelautomaten gibt, die in jeder anderen Stadt am Eingang der Parks stehen.

Der gemeine Tourist hat keine Ahnung, wie schön Berlin wirklich ist, weil er sich immer nur auf den großen Boulevards, zwischen den scheußlichen Botschaftsgebäuden oder die Friedrichstraße auf- und ab bewegt. Dabei gibt es in Berlin mehr Parks als in jeder Stadt, mit wundervoller Gartenarchitektur und so vielen Nachtigallen, dass einem ab Ende April bei jedem Spaziergang die Tränen kommen. Kirschblüten, Birnenblüten, Apfelblüten, dazwischen singen, zwitschern, flöten, wispern, jauchzen Tausende von Vögeln jeder Art, die Luft bewegt sich ohne Müllgeruch, ohne Großstadtdünste, flimmert im Freien über der dunklen Spree. Oben auf dem Kreuzberg – denn es ist mitnichten nur ein Stadtteil, sondern auch ein 60 Meter hoher Berg in einem hinreißenden Park – läuft schäumend ein Wasserfall nach unten in einen See. Kinder und Hunde turnen über die Steine und baden im eisigen Wasser, und man hat zwischen April und Oktober durchgängig das glückliche Gefühl moralischen Leicht-Sinns. Der Berliner hat per se kein besonderes pädagogisches Interesse daran, wie andere sich benehmen, wie und wo sie parken, ob sie Hundehaufen wegräumen oder nicht, und mischt sich wenig ein.

Mit den ersten frühlingshaften Sonnenstrahlen eröffnen die Berliner die Picknick-Saison in den Parks. Für die Hunde ist das ein Fest, denn immer nur Frischfleisch, Gemüse, Markknochen und ähnlich gesundes Zeug mag ja mich als Hundehalter zufriedenstellen, aber ein ordentlicher Hund wünscht sich doch vielfältigere Kost. Frühling in Berlin macht's möglich, denn die Berliner haben offenbar ein großes Herz für Not leidende Hunde und lassen alles, was sie nicht aufessen wollen, am Straßenrand, auf Grünflächen und unter Parkbänken liegen – alte Pizza, vergammelte Döner, angelutschte Bonbons, halbvolle Chipstüten. Allein auf dem kurzen Weg in den morgendlichen Park haben Luise und Ida Folgendes gefunden: ein halbes Schulbrot, ein pappiges Croissant, alten Reisauflauf unter einem Baum und ein paar Bäume weiter einen ganzen Haufen altes Brot. Auf der Wiese im Park fanden sie zwischen lauter Flaschen, mit denen sie nichts anfangen konnten, Berge von Papptellern mit Mayokrusten, ein Baguette mit Kräuterkäse, verschiedene Plastikschalen mit Aufschnittresten, eine halbe Currywurst, ein Plastikschälchen mit geschmolzenem Schoko-Eis, eine dreiviertel Tüte Erdnussflips über den Rasen verteilt und neben dem Spielplatz – wirklich wie im Schlaraffenland! – eine ganze Pizza. Mmmmmhm. Mit Salami und Karton. Den überließ Luise gnädig ihrer Kollegin Ida zum Auslecken, sie selber musste sowieso schon dauernd aufstoßen. Sehr zuvorkommend von den Berlinern, das alles *neben* die Mülleimer zu legen; es ist ziemlich mühsam für die Hunde, die Leckerbissen erst selber herauszufischen zu müssen. Vor allem ist der Begleitmensch dann meist schnell zur Stelle und vertreibt die Hunde mit donnernden NEINs von der unverhofften Futterstelle.

Im Sommer braucht man die Hunde also viel weniger zu füttern, weil sie sich bei jedem Morgenspaziergang den Magen vollschlagen. Das Menü wechselt von Stadtteil zu Stadtteil: In

Kreuzberg gibt es mehr gegrillte Reste vom Schaf oder Lamm, in Mitte sind es eher Überbleibsel der thailändischen Küche, und im Tiergarten zwischen Philharmonie und Kanzleramt wird ab sechs Uhr morgens alles entfernt, was nicht angewachsen ist, der Touristen wegen, oder um das ästhetische Gefühl der Politiker nicht zu stören, wenn die aus dem Fenster der Regierungsgebäude schauen. Andere Stadtteile haben diesen Luxus nicht. Dort wird der Müll von Wiesen, Bänken und aus Mülleimern nur zweimal in der Woche entfernt.

Die Pudelinnen sind mit dieser Regelung nicht einverstanden. Wenn es nach ihnen ginge, würde Berlin gerade in diesem Bereich streng sparen und die Resteverwertung seinen kaniden Bewohnern überlassen. Ansonsten engagiert sich Luise sehr dafür, Berlins Kaninchenplage Herr zu werden, während Ida intensiv damit beschäftigt ist, möglichst stinkenden Unrat großzügig auf ihrem Fell zu verteilen.

# 20

Auf die Idee, wieder einen vierten Hund in unser Leben, unser Rudel, zu integrieren, kam ich eigentlich nicht von alleine. Luise, Ida und Theo funktionierten gut als Trio und hatten sich hervorragend in ihre Rollen eingefügt: Luise als die Intellektuelle, die am besten für Kunststücke im Sitzen zu haben ist, Ida, die Sportskanone, der kein Gewässer zu tief, kein Ball zu weit, kein Hindernis zu hoch ist, und Theo, die lebende Fußfessel und Star aller Kleinkinder, die sich offenbar in seinem Kindchenschema-Gesicht wiederfinden.

Eines Nachmittags waren unsere Freunde Jan und Sven zu Besuch, beide erfolgreiche Innendesigner mit einem Hang zur Überperfektion, und kraulten abwechselnd Ida und Luise den Bauch, die schläfrig und zufrieden nach einem zweieinhalbstündigen Spaziergang im Wohnzimmer lagen, von dem ich mit Matsch auf den Jeans, Matsch überall in meinem Auto und Matsch auf ihren Bäuchen und Pfoten zurückgekehrt war. Ich hatte sie natürlich gut abgewischt, bevor der Besuch kam. Der Mann hatte sie noch ein zweites Mal abgewischt, was mich etwas nervte. War ich vielleicht nicht sorgfältig genug?

„Diese Hunde sind wirklich wunderbar", sagte Jan. „Ich hätte auch gerne diese Art der Liebe in meinem Leben."

„Hast du doch", sagte ich, „du bekommst sie doch immer wieder mal, wenn wir verreisen."

Jan schüttelte den Kopf.

„Das ist nicht dasselbe. Ich meine, sie spielen mit mir, sie lassen sich von mir streicheln, aber es sind keine echten Gefühle dabei, wir haben keine richtige Beziehung. Ich bin ja

immer nur der Ersatz für einen von euch, wenn ihr eben nicht
da seid."

„Dafür bleibt dir doch auch einiges an Verantwortung und
lästigen Pflichten erspart", meinte Sven.

„Du sagst das nur, weil du Schuldgefühle hast", fauchte Jan.

„Weil ich bereit für einen Hund wäre, aber du nicht."

Sven tätschelte ihm den Arm.

„Jans biologische Uhr bellt", sagte er.

Der Mann lachte, weil er den Ernst der Situation nicht erkannte. „Es gibt ja verschiedene Möglichkeiten. Ihr müsst nicht
selber züchten, ihr könnt doch adoptieren!"

Meine Hunde haben schon häufig andere Leute zu Hunde-
halter-Fantasien verführt: Sie sind einigermaßen gut erzogen,
haben angenehme Persönlichkeiten und sind in der Wohnung
kaum zu spüren. Wer sie nur ab und zu sieht, könnte das Leben
mit ihnen leicht mit Hundefutter-Werbungen verwechseln. Sie
wissen schon: in denen ein frisch gewaschenes Hündchen lustig angehüpft kommt, manierlich ein Tellerchen mit Fleisch
und Gemüse verspeist und anschließend immer noch ganz
sauber und entspannt neben seinem Frauchen sitzt, das gemütlich auf dem Sofa ein Buch liest und mit einer Hand sein
Ohr krault. Das ist sozusagen der direkte Blick ins Fantasie-
leben der meisten Leute, die keinen Hund haben. Wenn sie
den Wunsch nach einem Hund verspüren, stellen sie sich Liebe und Erfüllung vor und vergessen völlig, dass Hundehaltung
auch zu einem großen Teil daraus besteht, Dreckspuren und
gelbe Pfützen wegzuwischen, im strömenden Regen und bei
Eiseskälte draußen herumzurennen und sich zum Gespött der
Nachbarn zu machen, wenn man versucht, Fifi zu erziehen.

Der Mann ist da realistischer. Abgesehen davon, dass er
die Hunde wirklich hinreißend findet, erinnert er mich immer wieder daran, dass das Leben mit ihnen eben keine Cesar-
Reklame ist, dass sie teuer sind, stinken, haaren, wirklich viel

Zeit kosten und mindestens einer von ihnen einmal in der Woche zur Adoption frei ist, wenn er mit Matschpfoten übers Sofa gerannt ist oder das Roastbeef für die Gäste gefressen und sich anschließend auf dem Wohnzimmerteppich erbrochen hat. Ich übertreibe natürlich. Aber nicht sehr.

„Welcher Hund ist dein Lieblingshund?", wollte Jan wissen.

„Habe ich nicht", sagte ich. „Jeder hat seine eigene Persönlichkeit und seine eigenen Qualitäten. Man vergleicht ja auch seine Kinder nicht miteinander."

„Machen Eltern aber schon", sagte Sven. „Darum gibt es Psychotherapie."

Das Gute daran, mehrere Hunde zu haben, ist, dass man an den einzelnen Hund nicht zu große Erwartungen stellt. Ida ist kein Kuschelhund, sondern mehr der Hula-Hoop-Hüpf-und-Sporthund. Luise ist unglaublich verschmust, hochintelligent und möchte mich gerne überallhin begleiten. Theo ist an Spaziergängen nur mäßig interessiert, aber äußerst kommunikativ Fremden gegenüber und eine sehr gemütliche, wenn auch etwas müffelnde Wärmflasche bei langen Fernsehabenden. So habe ich für alle Lebenslagen den richtigen Begleithund – ein Konzept, dass sich leider nicht auf menschliche Beziehungen übertragen lässt. Die 68er haben es versucht, aber es hat nicht geklappt. Noch ein Grund, weshalb Hundehaltung wahrscheinlich einer idealen Beziehung am nächsten kommt.

Nachdem Jan und Sven sich endlich einig waren, gingen sie die Hunderassen durch, die ihnen gut gefielen, wogen deren Vor- und Nachteile ab und ihre eigenen als Hundehalter. Sie fragten, ob sie Theo mal über einen längeren Zeitraum ausleihen dürften, etwa sechs Wochen.

„Das wäre doch mal eine neue Geschäftsidee", meinte der Mann. „1-800-Rent-A-Dog. So könnten die Hunde selber dafür sorgen, dass ihre Futter- und Tierarztkosten wieder reinkommen."

In New York gibt es tatsächlich eine Agentur, die Tierheimhunde aufnimmt und für eine monatliche Mitgliedschaft von 279,95 Dollar verleiht, Futter inklusive. Die Kunden sind Touristen, die ohne ihren eigenen Hund eine Weile in der Stadt verbringen müssen und die Struktur vermissen, die der Hund ihrem Leben verleiht, oder Leute, die ausprobieren wollen, ob ein Hund in ihr Leben passt, bevor sie sich einen anschaffen, oder Leute, die neu in die Stadt gezogen sind und einen Weg suchen, um Kontakt mit Einheimischen aufzunehmen. Der Plan ist, dass diese Hunde bei einem ihrer Ausleiher früher oder später ein Zuhause für immer finden. Theo hatte aber schon ein Zuhause, und ich war nicht bereit, ihn einfach so zu verleihen.

„Ihr müsst ohne seine Hilfe herausfinden, ob ihr wirklich bereit für das emotionale Zugeständnis an einen Vollzeit-Hund seid", sagte ich herzlos.

Ich versprach ihnen allerdings, sie auf die nächste Hundeausstellung zu begleiten, damit sie sich ihre jeweiligen Traumhunde einmal von Nahem ansehen konnten.

# 21

Hundeschauen sind merkwürdige Veranstaltungen für diejenigen, die noch nicht daran gewöhnt sind. Sie sind ein bisschen wie große Modenschauen. Beide, Modenschau wie Hundeausstellung, werfen immer wieder Fragen zum Verhältnis von Ästhetik und Genetik auf. Über 3.000 Hunde werden jedes Jahr im April von ihren heimischen Sofas an den Berliner Funkturm gekarrt und geschleppt, um sich der ewigen Frage zu stellen: Wer ist der Schönste im ganzen Land? Es geht nur auf den ersten Blick um Spaß oder Leichtigkeit. In Wirklichkeit sind Hundeschauen sehr ernste Angelegenheiten, eine Mischung aus Entertainment und knallhartem Merchandising, Demonstrationen davon, wie selektive Zucht auf vielerlei Art nach und nach erreicht, sich dem Zeitgeist und der Mode anzupassen, trotz aller Mythologisierung antiker Blutlinien. Kein Boxer und kein Golden Retriever sieht heute noch so aus wie 1950; der Deutsche Schäferhund ist eine bunte Mixtur aus den dunkelgrauen Hunden, die Rittmeister von Stephanitz ursprünglich erfunden hatte und die allesamt aussahen wie der Wolf aus „Rotkäppchen", und den schwarz-gelben, hinten abfallenden Claudia-Schiffer-artigen, die in den 70er-Jahren so beliebt wurden.

Zwischen zahllosen Ständen mit allem, was das Hundehalterherz begehrt und der Hund sich nicht zu träumen wagt, finden Dogdance-Vorführungen und andere Sportveranstaltungen statt, dazwischen Gehorsamsdarbietungen der unterschiedlichen Rasseclubs als Werbeveranstaltungen für ihre Hunde. In den Hallen mit den Ausstellungsringen geht es ernster zu. Wie bei Modenschauen existiert eine tiefe Kluft zwischen denen, mit denen die Natur es einfach gut meinte, und jenen, die Aschenputtel für den großen Ball herrichten sollen. Wo immer man hinsieht, stehen, sitzen oder liegen Diven mit sehr behaarten Beinen passiv auf Frisiertischen, in großen Ausstellungskäfigen oder zu Füßen ihrer konzentrierten, liebenden Besitzer, die sie bewundernd kämmen, bürsten, föhnen, toupieren oder hier und da noch Haare abschneiden oder in Form scheren.

Jan und Sven wirkten leicht überfordert, wie Vierjährige, die man bei Toys"R"Us losgelassen hat. Überall sah man große Haarföhns, kleine Hunde mit Haarwickeln, teure Haarschneidescheren, Glätteisen, verschiedenste Sorten von Bürsten und jegliches übrige Schönheitsequipment, das man gewöhnlich auf Modenschauen zu sehen bekommt. In der Luft lag der besondere Geruch von Hundeausstellungen, eine Mischung aus getrockneten Ochsenpeseln, Rinderpansen und Fellglanzspray. Über den Pudeln hing der schwache Nimbus von Haarspray. Wenn wir später unseren Nachfahren erklären wollen, warum wir alle in Tunneln unter der Erde leben, dann wird die Begründung lauten müssen: weil die Menschen jahrelang versucht haben, Models wie Pudel aussehen zu lassen und Pudel wie Models, während Drei-Wetter-Taft ein Loch in die Atmosphäre fraß.

Nebenan saßen die Afghanen. Ein besonders schöner Rüde trug ein Kopftuch, um das lange Fell an seinen ebenso langen Ohren vor Dreck und Haarbruch zu schützen, wodurch er aussah wie Grace Kelly vor einer Cabrio-Fahrt. Dazu steckte er, zum Schutz vor seinem eigenen Urinstrahl, in einer Art goldglänzendem Overall. Sein Besitzer erklärte, er habe ihn gerade drei Stunden lang gebürstet und frisiert – das alles für vielleicht eine halbe Stunde im Ausstellungsring –, und nannte das Fell „Haar". So sah es auch aus: Kaskadenartig fiel es rapunzelhaft weich und glänzend zu Boden wie in einer L'Oréal-Anzeige. In Wirklichkeit ist es dafür da, den Hund vor den harten, eisigen Wintern im bergigen Afghanistan zu schützen. Aber Poseidon – so hieß der Hund – sah nicht so aus, als habe er jemals in seinem Leben mit den Naturgewalten kämpfen müssen.

In einem Ring beobachteten wir eine Richterin, die mit der Attitüde einer Mutter Oberin einen gewaltigen Kommondor begutachtete. Kommondore sind eine alte Hirtenhundrasse, die ungefähr aus zehn Kilo Hund und 50 Kilo langem, verfilztem Fell besteht, das den Hund vollständig camoufliert, selbst Gesicht und Augen. Die Tiere sehen aus wie riesige, nasse Wattebäusche und riechen auch so ähnlich. Die Richterin machte pflichtbewusst ihre Arbeit, hob große Teile Fell hoch und fuhr mit ihren Händen unter den Haaren über den Rücken des Hundes.

„Was macht sie da?", fragte Jan.

„Sie fasst den Hund an, um herauszufinden, ob sein Körperbau korrekt ist und die Richtlinien des VDH-Standards erfüllt", erklärte ich expertenhaft. „Sie muss unter das Fell greifen, um zu sehen, ob sich unter dem ganzen Gewusel ein guter Hund verbirgt."

„Und was macht sie jetzt?", fragte Jan, als die Richterin um den Hund herumging und anfing, die Haare vor dem Gesicht hochzuheben und auseinanderzuziehen.

„Sie sieht nach, ob er eine korrekte Schädelstruktur und klare, wache Augen hat."

„Na, wenn sie sich durch die ganzen Haare durchgearbeitet hat und nur ein Auge findet", meinte Sven, „dann weiß sie, dass sie das falsche Ende des Hundes erwischt hat."

Gott sei Dank hörte uns niemand.

Wenn man Hunde und ihre Halter vergleicht, gibt es viele Gründe, weshalb man Erstere für ihre grundsätzliche nackte Natürlichkeit nur beneiden kann. Zu diesen Gründen gehören weite Flatterkleider mit Blumenmuster, lila Jogginganzug-Ensembles, metallisch leuchtende Brokatjacken, enge T-Shirts mit Hundeporträts aus Swarovski-Steinen, Hosen mit Origami-Falten oder Hosenröcke, kombiniert mit breiten, bequemen Laufschuhen, die man mit der Ornithologin aus Hitchcocks *Die Vögel* assoziiert. Das Ziel ist wohl, als Aussteller so gekleidet zu sein, dass man die Aufmerksamkeit nicht vom Hund ablenkt, aber dies gelingt nur wenigen Menschen. Vielleicht sollte man mal mit Hugo Boss über Ausstattungs-Sponsoring reden; hier ruht ein noch völlig unerschlossener Markt.

Im Gegensatz zu den 8oer-Christian-Lacroix-Frisuren der Pudel und Afghanen wirkten die Beagles oder Möpse geradezu ökonomisch-modern, eher Michael-Kors- oder Calvin-Klein-artig. Vielleicht war es das, was bei Sven und Jan den Ausschlag gab, oder ihre lange Bekanntschaft mit Theo, dem Supermops. Jedenfalls waren es eindeutig die Möpse, die ihr Herz erweichten. Die stapften vergnügt und selbstbewusst an den Italienischen Windspielen vorbei, die im Ring daneben demonstrierten, wie zwei Rassen das absolute Gegenteil voneinander sein und dabei trotzdem zur selben Spezies gehören können.

Hunde, ganz egal welcher Rasse, haben gewöhnlich ein gutes Verhältnis zu sich selber, und das schon ziemlich früh. Wir Menschen brauchen dafür länger; manchmal schaffen wir es gar nicht. Wir klammern uns dauernd an irgendwelche Äußerlichkeiten, über die wir uns zu definieren suchen – Titel, akademische Grade, Fähigkeiten. Wir lassen unsere Kleidung deutlicher sprechen als unsere Ideen. Wir lassen unsere Meinung von den Medien bestimmen, anstatt uns die Zeit zu nehmen, wirklich herauszufinden und auszudrücken, woran wir eigentlich glauben. Wir bestimmen unseren Wert über unser Geld, unser Auto, über die Gegend, in der wir wohnen. Wir finden es spannender, über einen roten Teppich zu laufen als durch einen Wald.

Ich bekenne mich selbst fast aller dieser Dinge schuldig. Meine Hunde dagegen finden sich selber ziemlich klasse genau so, wie sie sind. Ida sitzt nie da und wünscht sich, ein Apricot-Pudel zu sein, Theo will kein Mastino sein (er denkt sowieso, er zeige es allen), Luise hat keine Vorstellung davon, wie schön sie eigentlich ist, und das macht einen Großteil ihres Charmes aus.

Hunde sind einfach nur Hunde und zufrieden damit. Das ist auch das Beste an Hundeausstellungen: Die eigentlichen Akteure haben keinerlei Gefühl für diese Art des Wettbewerbs, obwohl es doch gerade um die Konkurrenz der Hunde geht. Wenn man die Tiere im Ausstellungsring beobachtet, erkennt man an ihrem mehr oder weniger federnden Gang und der Art, wie sie mehr oder weniger aufmerksam ihren Aussteller ansehen, ob sie Neulinge oder alte Hasen im Wettbewerbsgeschehen sind. Sie lassen sich mit der Gelassenheit von Heiligen von den Richtern ins Maul sehen und ihre Hoden betasten, aber hier endet ihr persönlicher Einsatz auch schon. Sie haben keine Ahnung von der Stärke oder den Schwächen ihrer physischen Erscheinung, interessieren sich nicht für die wichtigen Entscheidungen, die über ihrem Rücken getroffen werden. Es ist ihnen egal, ob sie gewinnen oder verlieren. Häufig wedelt der Verlierer dem Gewinner zu, der Gewinner beschnuppert den Verlierer ohne Vorbehalte. Für die Hunde ist das alles nicht viel mehr als ein warmes Bad, ein neuer Haarschnitt, die praktisch ungeteilte Aufmerksamkeit ihres Herrchens, fabelhafte Kekse, ein bisschen Bewegung im Ring und die Möglichkeit, ein paar Verwandte zu treffen. Alles in allem ein ziemlich angenehmer Tag.

# 22

Jan und Sven bereiteten sich auf ihren Mopswelpen vor, als seien sie schwanger. Die Babyausstattung hätte einem Prinzenkind gut zu Gesicht gestanden: Gerade mal das Beste war gut genug. Als sie feststellten, dass es keine handschuhweichen Geschirre aus Elchleder in der passenden Größe für zwölf Wochen alte Mini-Möpse gab, waren sie schon dabei, sich einen Sattler in Italien zu suchen, der das Gewünschte in Handarbeit herstellen sollte. Ich konnte sie gerade noch überreden zu warten, bis das Tierchen ausgewachsen ist. Jan las Bücher über die psychologischen Probleme, die das Hundekind bekommen würde, wenn es von Mutter und Geschwistern getrennt wäre. Ich glaube, sie waren kurz davor, eine Taufzeremonie zu organisieren. Es scheiterte wahrscheinlich daran, dass sie sich nicht über die Konfession einig werden konnten.

Nachdem Leo, wie der Wunderhund nun hieß, eingezogen war, hörten wir einige Wochen nichts mehr von Jan und Sven. Kein Wort, wie das bei jungen Eltern eben so ist. Dann kündigten sie sich eines Nachmittags an, damit „unsere Hunde sich mal kennenlernen" könnten. Sie erschienen mit einer großen Tasche, die sie im Flur zu Boden ließen. Sie öffneten den Reißverschluss etwas mehr und Leos kugelrunder Kopf erschien. Er betrachtete Luise, Ida und Theo, die vor ihm standen. „Was zum Teufel soll ich in dieser Tasche?", schien er sich zu fragen und hopste selbstbewusst heraus. Er war die perfekte Mischung aus einem Marzipanschwein, das jemand in Kakao gestupst hatte, und einem winzigen andalusischen Kampfstier. Er reckte seine kleinen Pfoten nach vorne und streckte sich träge.

Seine Lefzen öffneten sich ein winziges bisschen, und eine kleine rosa Zungenspitze wurde sichtbar.

„Ich glaube, er hat Durst", sagte Jan.

Obwohl ich massive Vorbehalte habe, was die Mischung von sehr jungen Hunden und Wasser in ihnen unbekannten Wohnungen angeht, zeigte ich Leo, wo bei uns der Wassernapf steht. Er zeigte keinerlei Interesse.

„Können wir das Wasser mitnehmen, wenn wir ins Wohnzimmer gehen?", fragte Jan. „Der Weg in die Küche ist so weit, und er ist doch so klein und ängstlich."

Der kleine, ängstliche Mops ließ sich gerade mit begeistertem Japsen an Theos Ohren durch die Küche ziehen. Theo tat sein Bestes, um den lästigen Verwandten zu ignorieren; er tat einfach so, als trage er oft solche Ohrringe. Während Leo im Wohnzimmer fröhlich im Wassernapf planschte, erzählten Jan und Sven von Leos Tagen, Leos Nächten, Leos Eigenarten, Leos Lieblingsessen und Leos Lieblingsspielsachen. Alle Versuche, sie in andere Themen zu navigieren, scheiterten.

„Leo ist wirklich wie eine Person", sagte Sven. „Es ist fast, als hätten wir einen kleinen Sohn."

Der Mann betrachtete den Mops, der die Vorderpfoten auf seine Knie gestemmt hatte und mit großen, runden Augen seinen Schoß anstarrte.

„Er sieht euch sogar ähnlich", sagte er.

Leo kratzte zart an seinem Schenkel, weil er offensichtlich auf den Schoß gehoben werden wollte.

„Er hat deine Augen", sagte der Mann zu Jan.

Jan strahlte, zu verliebt, um empfänglich für Ironie zu sein – normalerweise gehört es zu den größten Ängsten von Mopsbesitzern, je ihrem Hund ähnlich zu werden. Plötzlich schoss Leo wie ein kleiner blonder Bomber auf die schlafende Ida zu und sprang auf sie hinauf, als sei sie ein Mops-Trampolin. Ida erschreckte sich fürchterlich und ging beleidigt ins Arbeits-

*Ein Wanderzirkus unterwegs. Katharina von der Leyen und ihre tierische Entourage schätzen die Vorzüge der Großstadt gleichermaßen: täglich neue Eindrücke, ein vielfältiges kulinarisches Angebot und viel mehr Grün, als mancher erwartet.*

Ihr Zuhause ist keine reine Zweck-WG. Kater Noah, Möpsin Emily und Pudelin Luise haben sich auch privat immer gut verstanden.

Mischlingshündin Bella war eine weise Lehrerin in Beziehungsfragen, ansonsten aber durch und durch Terrier.

Beispiel einer perfekten Beziehung: Emily und Theo

*Die Zugehörigkeit zur selben Rasse ist wohl das einzige, was die Pudeldamen Ida (l.) und Luise (r.) eint. Die feinen Manieren der edlen Luise hat Ida jedenfalls nicht übernommen. Ihr Charme ist eher stürmischer Natur.*

*Trotz unterschiedlicher Temperamente gilt: Zu zweit ist alles leichter.*

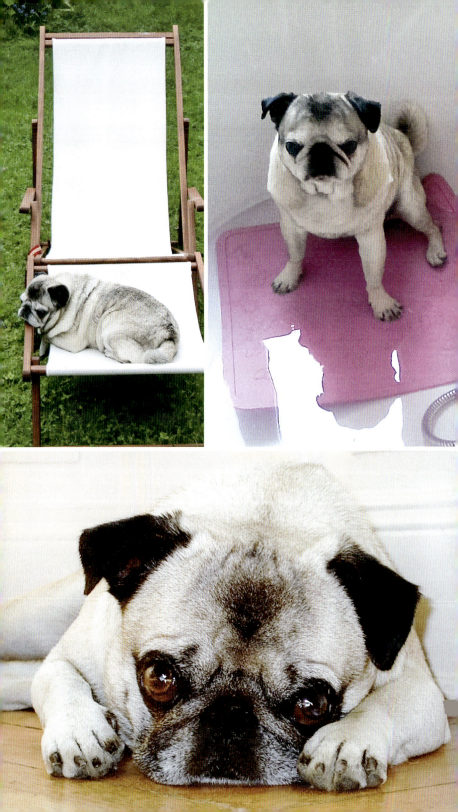

*Theo nimmt das Erbe seiner Vorfahren sehr ernst und führt die Tradition des Mopses als Salonhund pflichtbewusst weiter. Schlafen gehört dabei zu seinen dringendsten Bedürfnissen. Spaziergänge werden auf das Allernötigste reduziert und grundsätzlich nur bei gutem Wetter akzeptiert.*

*Idas Metamorphose:*

*... Nach der Kindheit als zotteliges Steifftier ...*

*... und einer wilden Jugend mit 80er-Jahre-Frisur ...*

*... ist sie schließlich doch erwachsen und – bis zu einem gewissen Grad – vernünftig geworden.*

Als Welpe ließ Harrys Statur noch nicht erahnen, dass aus ihm einmal ein Windspiel werden würde.

Noah (o.), Theo (u.l.) oder Luise (u.r.) – für Harry sind alle tierischen wie menschlichen Mitbewohner willkommene Polsterungen für ein weiches Nickerchen.

*Auf einen winzigen Hund kann die Großstadt manchmal ganz schön erschlagend wirken ...*

◄ Lange Zeit fehlte es Harry an Selbstvertrauen. Nur unter dem persönlichen Begleitschutz seiner Sicherheitspudel wagte er sich vor die Tür.

▼ Harry weiß, die Welt ist voller Gefahren. Das gilt auch für den Straßenverkehr. Da ist es gut, einen aufmerksamen Beifahrer zu haben.

*Friedrich der Große, selbst Windspiel-Liebhaber, sah in dieser Leichtgewichts-Rasse keine Hunde, sondern „Vögel auf vier Beinen". Dieser Charakterisierung hätte Harry in seiner Kindheit wohl kaum zugestimmt, denn der freie Himmel schien ihm weitaus weniger verlockend als die sicheren vier Wände daheim.*

Ein Paar wie Katz und Hund? Noah und Luise haben sich nie um das klassische Rollenmuster geschert. Die beiden wurden unzertrennliche Freunde, die beim Spaziergang zu zweit scheinbar jede Menge zu bereden hatten.

*Modisch schick, wenn's draußen kalt wird: Harry und Theo.*

▲ Posieren wie die Großen: Ida, Theo und Luise

▶ Zum Modeln eignet Harry sich nicht nur wegen der schmalen Figur. Im wahren Leben schüchtern, ist er vor der Kamera ganz Profi.

zimmer zum Schlafen, so weit weg von dem frechen Gast wie möglich.

Sven sprang auf und sagte sehr streng: „Pfui, Leo, das war nicht nett von dir! Pfui!" Leo blinzelte unbeeindruckt.

„Schrei ihn doch nicht so an vor den anderen Hunden!", fauchte Jan. „Du stellst ihn ja bloß."

Den Moment der Auseinandersetzung, die nun begann, nutzte Leo, um sich mit einem anmutigen Knicks unter dem Sofatisch zu erleichtern.

„Wisst ihr was", sagte ich, während ich mit Küchenrolle, Perwoll und Handtüchern hantierte, „ich glaube, ihr müsst mal wieder einen hundefreien Abend verbringen, ins Konzert, oder mit Freunden ausgehen. Ihr solltet diese ganze Liebe und Aufmerksamkeit mal zwischendurch auf jemanden konzentrieren, der schon stubenrein ist."

Jan und Sven sahen sich an und bemerkten die dunklen Ringe unter den Augen des jeweils anderen.

„Wir nehmen ihn übers Wochenende, wenn ihr möchtet", bot ich an. Jan sah mich an, als würde ich von ihm verlangen, seine Kinder bei Britney Spears übernachten zu lassen.

„Aber er ist doch noch so klein", sagte er schwach.

„Er ist achtzehn Wochen alt, ein Alter, in dem Jagdhunde schon das erste Mal auf die Jagd gehen", sagte ich. „Außerdem hat er die anderen Hunde. Er wird sich bestens unterhalten."

Der Mann hatte mich gewarnt, aber ich musste mich durchsetzen: Leo würde eine Woche mit uns verbringen, während seine beiden Herren irgendwohin in die Karibik flogen. „Liebe unter Kokosnüssen", scherzte der Mann. „Eine karibische Fantasie." Das Hündchen, etwa so groß wie ein Converse-Turnschuh, hatte so viel Gepäck dabei wie Gloria von Thurn und Taxis im Wintersport. Nebst fünf Mahlzeiten pro Tag, einzeln verpackt in Plastikboxen und mit individuellen Etiketten versehen, verschiedenen Spielsachen, einem Schlafbett und einem

Bett für tagsüber, Hundekeksen, Bierhefetabletten, Q-Tips, einer Taschenlampe (wofür, weiß ich bis heute nicht), und diversen anderen Dingen bekamen wir ein kleines Notizbuch, in dem sich die Telefonnummer des Tierarztes, die Handynummern von Jan und Sven und folgende Liste befanden:

*„Leo bekommt fünfmal am Tag zu fressen, um sieben Uhr morgens, um 10:30 Uhr, um 13:30 Uhr, um 16:30 Uhr und um 19:00 Uhr. Die Mahlzeiten sind entsprechend gekennzeichnet, bitte nicht die Zeiten durcheinanderbringen, weil bestimmte Vitamine zu bestimmten Tageszeiten gefüttert werden müssen, um optimale Wirkung zu entfalten.*

*Mahlzeiten bitte auf Zimmertemperatur erwärmen. Leo darf auch ein Stück gekochtes Huhn oder Roastbeef als Belohnung haben, bitte ebenfalls auf Zimmertemperatur erwärmen.*

*Bierhefetabletten bitte zweimal täglich, um 10:30 Uhr und um 17:30 Uhr. Wir sagen: „Gut kauen!", er kennt das Kommando, sonst schluckt er die Tabletten ganz.*

*Abends bekommt er zwei Kekse vor dem Schlafengehen. Anschließend möchte er gerne in sein Schlafkörbchen gebracht werden, mit einem „Gute Nacht!". Dann schläft er auch sofort.*

*Gegen halb vier Uhr nachts wacht er gewöhnlich auf und muss dann sofort nach draußen. Es kann auch gegen fünf passieren. Er soll dann sein Geschäft machen, bitte nicht mit ihm spielen."*

Als ob man mich darauf hinweisen müsste: Ich hatte wirklich keinerlei Ambitionen, nachts um halb vier oder fünf mit einem Mopsbaby Spiele zu veranstalten. Ich sah Jan beruhigend an.

„Mach dir keine Sorgen", sagte ich. „Das wird schon klappen. Ich weiß in etwa, wie man junge Hunde erzieht, ich hatte selbst schon welche."

Meine subtile Ironie erreichte Jan nicht, der gerade eine massive Trennungsangst-Attacke durchmachte.

Wahrscheinlich ist es ganz unnötig hinzuzufügen, dass Leo ein völlig normaler, niedlicher Welpe war, der nur jedes dritte Mal auf seinen Namen reagierte, keinerlei Anstalten machte, wirklich auf „Gute Nacht!" einzuschlafen und in der ganzen Woche kein einziges Mal nachts aufwachte, wahrscheinlich, weil er völlig erschöpft davon war, den ganzen Tag lang die anderen Hunde zu quälen. Er war hinreißend.

# 23

Ich bin auch nicht anders als alle anderen: Ich finde junge Hunde wundervoll. Beim Anblick ihrer Kinderaugen schmelze ich, ich gehe in die Knie, wenn sie versuchen zu rennen und dabei immer seitwärts hoppeln, ich könnte heulen vor Rührung, wenn man sie anpfeift, weil sie gerade mit einem Seidenschal Zerrspiele gemacht haben, und sie vor einem sitzen, ein bisschen schief auf der Hüfte, und einen mit schräg gelegtem Kopf aufmerksam ansehen, weil sie keine Ahnung haben, wovon man eigentlich redet.

Ich war fällig: Ich wollte auch ein eigenes Hundekind. Der Mann äußerte einige Bedenken, die aber meine Gehirnzellen gar nicht erst erreichten, sondern sofort irgendwo auf dem Weg zwischen Ohr und Hirn verloren gingen. Ich hatte mir längst alle möglichen, sehr nützlichen Gründe zurechtgelegt.

„Ich brauche eigentlich einen Hund, mit dem ich die Spring-Kunststücke machen kann, die mit Ida nicht gehen", sagte ich. „Einen Hund, der durch meine Arme springt. Oder auf meinen Arm."

Ida, die stets mit torpedoartiger Wucht unterwegs ist, hatte mich bei allen Versuchen, ihr Derartiges beizubringen, glatt umgeworfen.

„So, so", sagte der Mann. „Du *brauchst* noch einen Hund. Für deine Engagements beim Zirkus, oder wie?"

Ich ignorierte ihn eisern, eine Form der Auseinandersetzung, die sich für mich sehr bewährt hat.

„Und noch einen Hund, mit dem ich Agility machen kann, der das gerne macht", fuhr ich fort.

Agility ist eine Hundesportart, die vor Jahren von den Engländern aus dem Pferde-Springsport entwickelt wurde. Die Hunde hüpfen dabei über Hindernisse und durch Reifen, balancieren über schmale Bretter und rennen durch lange Plastiktunnel. Für die Hunde ist es ein Geschicklichkeitssport, für ihre Besitzer, die den ganzen Ablauf mitrennen, eine Frage der Ausdauer. Vor allem, wenn sie den Parcours hintereinander mit drei Hunden bezwingen wollen und nicht in der Lage sind, in ihrem erbsengroßen Gehirn die verschiedenen Parcours-Abläufe zu speichern. Wie ich beispielsweise.

Wenn man jemals herausfinden möchte, was für ein Temperament eine Rasse oder auch nur ein bestimmter Hund hat, sollte man sich auf einem Agility-Platz umsehen.

Ida und Luise demonstrieren dort regelmäßig, wie vollkommen unterschiedlich sie sind: Ida ist die geborene Sportskanone, rast wie angestochen über die Hindernisse (vorzugsweise auch *über* die Plastiktunnel, nicht hindurch) und hängt im Freestyle auch noch ein paar Hindernisse oder Wiederholungen an die jeweilige Aufgabe dran. Mit Luise sieht Agility schon etwas anders aus. Prinzipiell findet sie die Idee lustig, vor allem, weil es dabei zur Belohnung Würstchenstücke gibt. Nur deshalb eigentlich. Obwohl sie angesichts von Kaninchen und anderem Wild gerne den Tiger spielt, mag Luise ansonsten am liebsten Kunststücke, die im Sitzen stattfinden. Und davon gibt es beim Agility nun einmal herzlich wenige.

Theo allerdings dazu zu bringen, elegant über Hindernisse zu setzen, war ein unglaubliches Zeugnis an Motivationsfähigkeit. Möpse sind grundsätzlich nicht für Geschwindigkeit oder Sportvermögen gezüchtet, und Theo war keine Ausnahme, aber in jungen Jahren machte er seine Sache gewöhnlich ganz zuverlässig und gut gelaunt, sofern er mit Wiener Würstchen bezahlt wurde.

Einmal versuchten wir uns auf einem Turnier im privaten Rahmen beim Tag der offenen Tür von Gabys Betty-Ford-Klinik für Hunde.

„Also los, Theo, bist du so weit? Juhu!", schrie ich, klatschte in die Hände und hüpfte auf und ab.

Theo saß vor dem ersten Hindernis, den Kopf zur Seite gelegt, und betrachtete einen Border Collie, der am Rand stand.

„Go!", rief die Trainerin.

„Los, los, Theo!", rief ich und rannte dabei auf die erste Kombination aus Hindernissen zu, die Theos Körpergröße entsprechend niedrig und niedlich aussahen, ein bisschen wie Agility-Hindernisse aus Legoland. Theo überlegte kurz, sprang dann mit allen Vieren gleichzeitig im Schaukelpferd-Stil über das erste Hindernis und trabte frohen Mutes auf das nächste zu. Vor dem Hindernis hielt er an und sah gedankenverloren zu dem Tisch mit dem Kuchenbuffet hinüber. Ich beugte mich vor, klatschte wie verrückt, schlug mir auf die Schenkel und rief: „Braaaaver Theo! Superhund! Komm, weiter!"

Theo wedelte einmal freundlich mit seiner Ringelrute. Wer nicht glauben will, dass Hunde ein einziges Mal mit der Rute wackeln können, den lade ich gerne ein, sich einen Mops anzusehen, der seinen Herrn wirklich sehr schätzt, aber übertriebene sportliche Betätigung nicht leiden kann.

Plötzlich und ohne Vorwarnung hopste Theo aus dem Stand über die nächste Hürde, und nachdem er nun wirklich allen bewiesen hatte, dass er ja konnte, wenn er wollte, lief er um die nächsten beiden Hindernisse außen herum. Ich raste auf die Brücke zu und rief: „Super, Theo, du kannst das! Komm, komm!" Theo betrat die Brücke ohne Tempo, er schlenderte sozusagen darüber, aber immerhin äußerst trittsicher. Ich raste auf den Tunnel zu und klatschte wild, während Theo in langsamem Trab folgte. Der Tunnel bedeutete keinerlei physische Überwindung oder Mühen für ihn, er musste nicht einmal seinen Kopf einziehen, also ging er ohne Zögern hinein. Ich rannte unterdessen vor zum nächsten Hindernis, einem aufgehängten Reifen.

Auf einmal hörte das Gerumpel im Tunnel einfach auf. Sekunden vergingen – kein Theo. Das Publikum schwieg ergriffen, man hätte eine Nadel fallen hören können. Ich fiel auf die Knie und linste in den Tunnel. Theo saß ungefähr in der Mitte auf seinem kleinen, dicken Hintern und schien es ganz gemütlich zu finden.

„Komm, Theo, los! Good boy!", rief ich.

Das Gerumpel im Tunnel ging wieder los. Als Theo endlich erschien, hielt er kurz inne wie Veronica Ferres, wenn sie einen roten Teppich betritt: „Das Warten hat sich gelohnt: Ich bin da.", eine sekundenlange Pause, um sich in aller Herrlichkeit dem Publikum zu widmen. Ob das nun eine Stressreaktion war oder eine Art mentalen Widerstands oder einfach etwas, das er sich ausgedacht hatte, um meine Anfeuerungen auf eine neue Ebene zu bringen, kann ich nicht mit Bestimmtheit sagen. Aber das Publikum tobte.

Theo beendete den Parcours auf seine Weise. Er mied höflich den Reifen und den Slalom, balancierte aber gut gelaunt über die Wippe. Als ich ihn im Ziel umarmte, wackelte er wieder ein einziges Mal mit seinem doppelt gerollten Posthornschwanz. „Du wärst ein fantastischer Cheerleader geworden", schwärmte der Mann.

Nach uns kam ein anderer Mops, der mit der Lässigkeit eines Australian Shepherds über Hindernisse und durch Reifen sprang und dabei keine Sekunde zögerte oder gar anhielt. „Was haben Sie ihm denn als Belohnung versprochen?", fragte ich den Besitzer beeindruckt. „Beef Wellington?"

An seinem sechsten Geburtstag gab Theo den Sport übrigens ganz auf, als habe er auf die Uhr gesehen und festgestellt: „Oh, schon so spät?" Er betrat von diesem Tag an nie wieder einen Parcours, sondern besinnt sich seitdem ganz auf seine Herkunft als Schoß- und Salonhund.

Ein zweiter Mops kam also nicht in Frage – nicht nur, weil mir der Sinn nach Sportlicherem stand, sondern weil ich mich noch zu gut daran erinnerte, was Theo von dem Ersatzmops für Emily, seine verstorbene Frau, gehalten hatte. Nachdem er versucht hatte, ihn die Treppe hinunterzuschubsen, starrte er jeden Besuch flehend an und schien zu fragen: „Bitte, nehmen Sie das Ding da mit? Wir können es nicht gebrauchen."

Ich wollte irgendetwas Kleines, Absurdes, Kurzhaariges, Agiles für Kunststücke – keinen Chihuahua, das war mir dann doch zu klein, keinen Pinscher, weil ich auf keinen Fall einen Hund in mein Rudel integrieren wollte, der ein prädestinierter Kläffer ist. Hunde bringen sich gegenseitig praktisch ausschließlich die Dinge bei, auf die man als Mensch gut verzichten könnte; es ist, als würden sie bei der Ankunft eines neuen Hundes in der Familie sofort eine Liste aufstellen, was den Menschen besonders stört, um sich genau auf diese Punkte zu konzentrieren.

„Hm, mal sehen", sagen sie zum Neuankömmling, „ich zeige dir jetzt mal, wie man ohne besonderen Kraftaufwand an das Essen auf dem Tisch kommt: erst auf den Stuhl, von dort auf den Tisch, und dann mit allen vier Füßen in die Käsetorte. Damit ist schon einmal gewährleistet, dass die Menschen mit dem Kuchen nichts mehr zu tun haben möchten. Und nebenbei schmeckt das Wasser aus dem Klo ganz besonders köstlich – ich kann gar nicht glauben, dass du das noch nie probiert hast. Fahrradfahrer zu jagen lohnt sich nur, wenn zwischen Herr und Hund mindestens 15 Meter Abstand sind, sonst wirft er mit Sachen nach einem. Bei mehr als 15 Metern können sie nichts mehr machen, und dann ist es am effektivsten, ein ungeheures Gebell zu veranstalten, das bewirkt, dass die Fahrradfahrer noch viel schneller fahren und alle anderen Menschen sofort aus dem Weg springen. Halte dich an mich, Schätzchen, wir werden zusammen viel Spaß haben."

Wer sich aus welchem Grund welche Rasse aussucht, ist sowieso immer wieder interessant: Menschen identifizieren sich nicht nur mit ihren Hunden, sie definieren sich über sie. Ein Hund ist nicht nur ein bester Freund, sondern auch ein Mittel, sich im Namen der Individualität von anderen abzusetzen. Daher die Leidenschaft für seltene, exotische Rassen: Gerade in Berlin ist die Vielfalt der Hunderassen, denen man im Grunewald begegnet, fast unglaublich. Selbst ich, Vielreisende auf ausländischen Hundeausstellungen, sehe Rassen, die ich nur mühsam irgendwelchen Bildern in meiner Erinnerung zuordnen kann.

Ein altes Sprichwort lautet: „Zeige mir deinen Hund, und ich sage dir, wer du bist". Es steckt aber noch mehr dahinter: Der Mensch liebt an seinem Hund vor allem die Eigenschaften, die er selber nicht besitzt. Dementsprechend machen einen dann so manche Herr-und-Hund-Konstellationen etwas nachdenklich. Wenn es so ist, dass der Hund als Ausdruck eines besseren, höheren Selbst betrachtet wird, was soll man dann von einem Mann mit einem Chihuahua halten? Wir haben gelernt, das Tier im Manne zu schätzen – ist es dann nicht enttäuschend, wenn dieses Tier nur 23 Zentimeter hoch ist?

Mickey Rourke zum Beispiel war mal ein cooler Typ. Dann plötzlich begann er, Hündchen mit sich herumzuschleppen, denen man ein Freilaufgehege in einer Hutschachtel einräumen könnte: völlig unmöglich, den Mann noch ernst zu nehmen, mal ganz abgesehen davon, dass er sich auch noch alle sechs Wochen neue Gesichtszüge verpassen ließ. Inzwischen sieht er aus wie Reese Witherspoon, die in *Natürlich blond!* auch immer mit einem kleinen Handtaschenfiffi auftrat. Und es ist doch so: Die Gesellschaft, in der man sich bewegt, hat durchaus Einfluss darauf, wie man von der Außenwelt wahrgenommen wird. Ein Mann mit einem schnittigen, rehgrauen Weimaraner wird gewöhnlich als sportlich, kunstinteressiert und wahrscheinlich schwul wahrgenommen, ein Mann mit Dackel eher als traditionell, tolerant und biergartenorientiert. Schäferhund-Haltern unterstellt man Konservatismus und einen Polizisten-Komplex. Labrador-Besitzer möchten gern als Geländewagen- und Schlossbesitzer erkannt werden. Manchmal wird man auch überrascht. Da trifft man einen Pit-Bull-Besitzer und ist ganz erstaunt, dass er in seiner Jackentasche keine Drogen, sondern Gedichte von Pablo Neruda mit sich herumträgt.

Ich bin mir nicht ganz sicher, was die Außenwelt sich denkt, wenn sie mich mit zwei Königspudeln und einem Mops im Schlepptau die Straße entlangspazieren sieht. „Alpha-Bitch der Groteske" vielleicht.

Sich eine Hunderasse auszusuchen, ist so, als entscheide man sich für eine bestimmte Religion. Besitzer von dekorierten Soft Coated Wheaten Terriern – oder jeweils einer anderen Rasse – werden persönlich zum Vertreter und Sprecher dieser Rasse. Selbst diejenigen, die sich für Mischlinge oder Hunde aus Tötungsstationen im Ausland entscheiden, machen daraus eine Glaubensfrage. Anhänger derselben Religion verstehen sich dementsprechend auch ohne Worte. Dackelbesitzer sehen sich wissend an, Mopsbesitzer gehen völlig selbstverständlich davon aus, dass man die gleiche Sprache spricht – wenn nicht gar ein ähnliches Leben lebt – wie sie und lehnen fremde Religionen als ketzerisch ab. Sie lehnen es auch ab, wenn man konvertiert: als sei man eine Abtrünnige. Als ich nach meiner schwarzen Möpsin Emily keinen neuen Mops nahm, sondern einen Pudel, wurde ich von der Mops-Community nur noch mit Misstrauen beäugt. Als ich irgendwann auf eine Hilferuf-E-Mail nicht sofort antwortete, weil ich nämlich auf einer Reportage irgendwo in Florida war, war der Fall für die Mops-leute klar. „Die hat jetzt Pudel", hieß es nach einem kurzen Blick auf meine Internetseite. Damit hatte ich in ihren Augen offenbar unwiederbringlich mit dem Mops an sich abgeschlossen. Tür zu. Zugang verwehrt.

Warum ich immer wieder ganz unterschiedliche Hunde habe, kann ich nicht beantworten. Vielleicht ist es ein Ausdruck meiner gespaltenen Persönlichkeit. Ich finde, unterschiedliche Hunde passen in unterschiedliche Lebensumstände oder -phasen. Indem ich meine Hunde permanent mit mir durch die Gegend schleppe, mute ich ihnen viel zu: Sie müssen absolut kindersicher sein, sie müssen es aushalten, dass bei uns ständig Besuch ein und aus geht, müssen fremde Hunde in der Wohnung akzeptieren, sie müssen katzenfreundlich und reisefreudig sein, also nicht fremdeln oder gestresst sein in fremder Umgebung. Alles das ist viel verlangt.

# 24

Tja. Manchmal muss man aufpassen mit dem, was man sich wünscht. Ich wusste es aber nicht besser.

Ich sah mich im Internet um – in Wirklichkeit schon, bevor ich öffentlich bekannt gegeben (oder zugegeben) hatte, dass ich mir einen weiteren Hund wünschte. Ich verbrachte Stunden auf Tierschutzseiten, Kleinanzeigen-Portalen und Züchterseiten, anstatt meine Artikel zu schreiben. Ich kam mir ein bisschen vor wie ein Ehemann, der seiner Frau erzählt, er müsse mal im Internet nachsehen, in welche Fonds man in Zukunft am besten investieren solle, und sich stattdessen in einen „Berlin Intim"-Chatroom einloggt. Ich sah mir viele, viele verschiedene Hunde an, ich führte unendliche Telefongespräche. Als ich den Mann kennenlernte, zogen wir nach vier Wochen zusammen. Seitdem hatte ich wenig Grund zur Klage, und ich glaube nicht, dass ich mir im Vorfeld auch nur ansatzweise so viel Zeit genommen habe, seine Charaktereigenschaften, Fellbeschaffenheit und Beschäftigungsansprüche herauszufinden wie die des potentiellen neuen Hundes. Andererseits habe ich bisher auch mit keinem Mann eine Beziehung geführt, die nur annähernd so lange dauerte wie das Leben meiner Hunde.

Nach genügend Recherche, Abwägen und Nachdenken kam ich auf das Italienische Windspiel. Eine amerikanische Freundin hatte gleich drei Windspiele, ungeheuer agile, katzenartige, sehr fröhliche kleine Hunde. Die amerikanischen Windspiele dürfen bunter als die europäischen Vertreter und sogar gescheckt sein, haben etwas kürzere Schnauzen und einen weniger stark gerundeten Rücken. Ich fand sie immer besonders angenehm. Außerdem sind sie eigentlich ganz altmodische Salonhunde und passen darum gut zu den Pudeln und dem Mops.

Die amerikanischen Webseiten waren erfrischend ehrlich. Sie wiesen darauf hin, dass Italienische Windspiele Schwierigkeiten mit der Stubenreinheit haben können (Codesprache für: Im Falle von Stress, schlechtem Wetter oder ungewöhnlichen Umständen vergessen Windspiele gerne mal, dass ein Tischbein nicht das Gleiche ist wie ein Baum), dass sie sich in Rudeln am wohlsten fühlen und Trennungen häufig nur schwer verarbeiten können und dass sie als Hetzhunde mit hervorragenden Augen alles jagen, was sich bewegt. Tatsächlich begriff ich die Implikationen nicht so ganz, die ich da las. Solche Dinge können ja sehr charmant sein, wenn man frisch verliebt ist – „Ach, es ist so hinreißend, dass er hinter *jedem* Vogel, *jedem* Fahrrad und *jedem* Jogger herrennt!" –, aber in einer langjährigen Ehe können sie einen jegliche Nerven kosten.

Eine andere Webseite listete alle möglichen Gründe auf, warum man sich kein Windspiel anschaffen sollte: Wenn man sich einen Hund wünschte, der leicht zu erziehen ist, nichts toller findet, als seinem Herrn zu gefallen, zuverlässig stubenrein wird, gerne Frisbee spielt und in Wind und Wetter gern spazieren geht, dann sollte man sich lieber kein Windspiel anschaffen. Sollte man sich nach dieser Liste immer noch ein Windspiel wünschen, war das ungefähr so, als würde man in *auto motor und sport* über ein bestimmtes Modell lesen: „Wenn Sie sich einen Wagen wünschen, der zuverlässig startet, wenig Wartung bedarf, sehr gut beim Euro-NCAP-Crashtest abschneidet und keine Garage braucht, dann kaufen Sie sich diesen Wagen auf keinen Fall", – und dann losrennen und eine Anzahlung für dieses Auto leisten.

Aber Windspiele sind so hinreißend. Und sie passen sehr gut nach Berlin: Friedrich der Große, Bewunderer von Voltaire und Johann Sebastian Bach, der vor allem als kalter, strenger Monarch berühmt war, hatte immer mehrere dieser zarten, aufmerksamen Hündchen um sich.

1788, zwei Jahre nach Friedrichs Tod schrieb der Theologe Anton Friedrich Büsching: „Aus Hunden machte Er sich unsäglich viel, und hatte beständig drey oder vier Stück um sich, von denen einer Sein Favorit, und die anderen desselben Gesellschafter waren. Jener lag bey Tag allezeit da, wo der König saß, an der Seite desselben, auf einem besonderen Stuhl, den zwey Küssen bedeckten, und schlief des Nachts bey Ihm im Bette. Die anderen wurden des Abends weg, und am folgenden Morgen, wenn man Ihn weckte, wieder gebracht, da denn die kleine Gesellschaft durch ihre große Munterkeit und Zärtlichkeit dem Könige Vergnügen machte. Sie saßen neben Ihm auf den Canapés, die dadurch beschmutzet und zerrissen wurden, und der König erlaubte ihnen alles. Er sorgte aufs zärtlichste für ihre Erhaltung, Gesundheit und Verpflegung; der Favorit empfing auch bey der Tafel etwas aus der Hand des Königs; überhaupt aber wurden die Hunde von einem Bedienten versorget, der sie auch nach ihrer Mahlzeit bey guter Witterung spazieren führete, damit sie der frischen Luft genießen konnten. Ein Bedienter, der aus Unvorsichtigkeit einem Hund auf den Fuß trat, konnte dem Zorn des Königs nicht wohl entgehen."

Wer hätte das gedacht: Schon Friedrich der Große war eher Hunde-Papa als Hundehalter. Aufgrund verschiedener Kindheitstraumata, die ihm sein grauenvoller Vater zugefügt hatte, war er von eher schwierigem Charakter und traute seinen Hunden mehr als den Menschen um sich herum. Einer seiner Kammerherren, Girolamo Marchese Lucchesini, bekam den Job überhaupt nur, weil das Windspiel Alcmene ihn offenbar mochte. Bei der ersten Begegnung Friedrichs mit dem Italiener sprang Alcmene an diesem hoch und wedelte begeistert.

Der König, ganz verblüfft über die sonst zurückhaltende Hündin, starrte den Marchese wie etwas ganz Ungewöhnliches an: „Eh bien, Marquis! Wenn Alcmene ja sagt, kann ich schlecht widersprechen."

Seiner Ehefrau, Elisabeth Christine von Braunschweig-Wolfenbüttel-Bevern, konnte er nur wenig abgewinnen. Als er sie nach einer Abwesenheit von sechs Jahren das erste Mal wiedersah, hatte er nur einen Satz für sie übrig: „Madame sind korpulenter geworden." Sie durfte auch nicht mit ihm zusammen essen. Die Hunde allerdings waren immer dabei, bekamen ihr Futter von Porzellan-Tellerchen, und in seinem Tagebuch vom Dezember 1784 beschrieb der Marchese Lucchesini, wie der König bei einem offiziellen Souper das Fleisch für sein Lieblingstier mit den Fingern vom Teller auf das Tischtuch legte, damit es kalt wurde, bevor er es verfütterte. Er ließ sich auch oft das Hundemenü zeigen, um es zu überwachen, und die Lakaien mussten die Tiere französisch und mit „Sie" anreden.

„Meinst du, du entwickelst vielleicht einen Friedrich-Komplex?", fragte der Mann mit ehrlich besorgtem Gesichtsausdruck.

„Unsinn", wehrte ich ab. So weit würde ich dann doch nicht gehen.

Im Alter waren die Hunde die einzigen Wesen, die überhaupt noch Friedrichs Interesse auf sich ziehen konnten. Sie blieben bis zu seinem Tod an seiner Seite. Am frühen Morgen des 17. August 1786, gegen ein Uhr, saß der völlig geschwächte König in einem Sessel, den er sich wenige Wochen vorher hatte anfertigen lassen, weil er vor Schmerzen nicht mehr liegen konnte. Das Windspiel Superbe war bei ihm und zitterte wie er selbst vor Kälte. Kaum noch zu verstehen, befahl er, Superbe mit Kissen zu bedecken. Es sollen seine letzten Worte gewesen sein, bevor er gegen zwei Uhr starb.

Obwohl er in der Gruft auf der Terrasse von Schloss Sanssouci neben seinen Hunden beerdigt werden wollte, ließ ihn sein Neffe und Nachfolger Friedrich Wilhelm II. in der Potsdamer Garnisonkirche an der Seite seines Vaters beisetzen. 1944 wurde der Sarg in die Elisabethkirche nach Marburg gebracht und kam 1952 – auf Initiative von Louis Ferdinand von Preußen – in die Kapelle der Burg Hohenzollern. Erst nach der Wiedervereinigung, am 17. August 1991, wurde der letzte Wille des Königs erfüllt und der Sarg Friedrichs II. wieder nach Potsdam überführt, um dort in der Gruft beerdigt zu werden. Dann erst wurde Friedrichs altes Bonmot „Quand je suis là, je suis sans souci" („Wenn ich da bin, bin ich ohne Sorgen") endlich zur Wahrheit.

# 25

Um mir die Entscheidung aber nicht unnötig leicht zu machen, musste es also ein amerikanischer Hund sein. Was die Einfuhr junger Hunde aus den USA betrifft, wird an deutschen Grenzen so getan, als importiere man äthiopische Makaken. Die benötigten Papiere würden ganze Ordner füllen und beschäftigten mehrere Tierärzte auf beiden Seiten des Kontinents über Wochen.

Ich hatte die Züchterin gebeten, einen Hund auszusuchen, dem es nichts ausmachen würde, zweite Geige gegenüber dem Alpha-Mops zu spielen, der dem alten Theo zumindest das Gefühl geben würde, er sei derjenige, der vorgibt, wo es lang geht. Es gab einen kleinen, blauen Rüden mit weißer Blesse und weißen Strümpfen, der passte, Quatsch machte, aber nicht zu viel, und sich eher an seinen Geschwistern orientierte, bevor er bellte. Die Züchterin – von meiner Windspiel-Freundin empfohlen – schickte mir wöchentlich Fotos und kleine Videos, um Harrys Wachstum und Entwicklung zu dokumentieren.

Windspiel-Welpen haben nicht die geringste Ähnlichkeit mit dem, was sie später mal werden sollen: Sie haben Schlappohren und runde Welpenbäuche, ihre Schnauze ist noch relativ stumpf – auf die spätere vollbluthafte Eleganz gibt es wenige Hinweise. Zwischendurch fangen ihre Ohren an, merkwürdige Sachen zu machen, weil sie sich nicht entscheiden können, wo sie eigentlich hin sollen, sodass Windspiel-Babys eine Weile lang aussehen wie Fledermäuse. All dem folgte ich aus der Ferne mittels Fotos und Videos. Meine Freundin besuchte die

Welpen, begutachtete Harry und seine Geschwister, fand ihn hinreißend. Ich begann, sehr kleine, kuschelige Körbchen auszusuchen, denn Windspiele haben keinerlei Körperfett und sehr dünnes Fell, frieren also leicht und brauchen deshalb übrigens auch Anoraks im Winter.

Theo entgingen die kleinen Hinweise nicht. Er blieb mir auf den Fersen und starrte mich prüfend an.

„Was ist der heutige Plan?", schien er mich regelmäßig abzufragen.

„Ich habe ein paar Redaktionstermine und du bleibst da", sagte ich kaltherzig.

Theo warf sein betriebssicheres Opferrollen-Programm an: Den Kopf zur Seite gelegt, hüpfte er mit ungläubigem Schnaufen in fröhlichen Kreisen um mich herum, während ich mich anzog. Als ich versuchte, das Haus ohne ihn zu verlassen, quetschte er sich seitlich aus der Haustür und beschattete mich wie ein Geheimagent.

Dabei muss ich zugeben, dass meine Hunde – und allen voran Theo – meiner Karriere sogar zuträglich sind. Sie sind meist gern gesehene Gäste in den diversen Redaktionen und Verlagen, mit denen ich zu tun habe. Ich nehme sie nicht immer mit, schon weil ich zwischendurch gerne mal teste, ob mich überhaupt noch jemand erkennt, wenn ich ohne meine Vierbeiner im Schlepptau auftauche. Selbst Redakteure, die einem gewöhnlich höchstens zwanzig Minuten ihrer kostbaren Zeit überlassen, auch wenn man den Termin vor Monaten mit ihnen festgezurrt hat, scheinen plötzlich massenhaft Zeit übrig zu haben, wenn man mit zwei Großpudeln und einem Mops auf dem Gang steht.

Ich bleibe dort gewöhnlich nicht lange alleine, sondern finde mich bald mit einer ganzen Gruppe von Redakteuren in lockerer Konversation wieder: „Ja, Großpudel sind sehr selten", sage ich, oder: „Ja, sie sind wirklich sehr schlau." „Ja, der Herzog und die Herzogin von Windsor hatten auch Möpse." Luise macht sofort auf zurückhaltende Schönheit, senkt ihren Kopf und lässt sich von einem der Anwesenden streicheln, so lange derjenige möchte. Dann setzt sie sich geduldig neben den nächsten und wiederholt die Nummer. Luise macht das sehr klug: Sie bettelt nicht um Kontinuität. Sie versteht, dass es auch bei Streicheleinheiten einen Anfang und ein Ende gibt, und weiß genau, dass es irgendwo immer noch ein anderes Paar Hände gibt, das weitermachen wird. Sie wiederholt dieses Ritual schon seit Jahren. Es erweicht selbst die Herzen der zynischsten Redakteure.

Theos Kindertagesstätte ist von Zeit zu Zeit das elegante Büro der *Architectural Digest,* einer luxuriösen Zeitschrift über Architektur und Design. *AD* ist Theos Vorstellung vom Paradies: Sobald er die Räume mit dem dunkel gebeizten Holzfußboden betritt, wird er von allen Redakteuren und allen Assistenten, denen er auf den Fluren begegnet, begrüßt, als sei er ein Mitglied der Chefredaktion. Wenn ich in der Redaktion anrufe, gilt die erste Frage mitnichten meinem Befinden: „Wie geht's Theo?", werde ich gefragt. „Wann kommt er denn wieder?" Wie es in meinem Leben aussieht, scheint niemanden zu interessieren. Offenbar werden meine Hunde mit meiner Persönlichkeit verwechselt.

In der Tat residiert Theo im Büro der Chefredakteurin, wo er leise schnarchend unter einem eleganten Ottomanen gegenüber ihrem Schreibtisch schläft. Bei Besprechungen sitzt er unter ihrem Tisch mit seinem dicken Hintern auf ihren Schuhen, damit sie ihn bei aller Konzentration auf andere, vermeintlich größere Themen nicht vergisst. Ab und zu wird er mit einem Schälchen Cesar verwöhnt, was in unserem Bio-Haushalt nie in seinen Napf käme – für Theo ein Hochgenuss, das Äquivalent zu McDonalds. Theo träumt von einem regelmäßigen Büroleben.

Eines Tages hetzte ich in die Redaktion im fünften Stock, um Theo in der Mittagspause spazieren zu führen, allein: „Theo ist nicht da", erklärte die Sekretärin. „Er ist beim Lunch." Mir fiel auf, dass mich niemand um meine Begleitung gebeten hatte. Irritiert ging ich allein zum Essen und traf auf dem Rückweg meinen Mops, der sehr fidel und strammen Schrittes mit dem Redaktionsassistenten Richtung Unter den Linden marschierte: von Orientierungslosigkeit oder Altersschwäche keine Spur. Es könnte aber sein, dass ihm die grundsätzlich spürbare Verunsicherung des Redaktionsassistenten signalisierte, er müsse die Führung übernehmen. Einer muss schließlich sagen, wo's langgeht.

Die Chefredakteurin ist so verliebt in Theo, dass sie sich häufiger von ihm begleiten lässt – ein kanider Eskortservice sozusagen. Es ging so weit, dass andere Leute mich ansprachen: „Ach, ich habe deinen Hund neulich im Café Einstein gesehen." Oder etwa: „Beim Abendessen neulich traf ich Theo, aber wo warst du?" Ich hätte mir nie träumen lassen, je mit meinem Mops in gesellschaftlicher Konkurrenz zu stehen.

„Vielleicht habe ich ja Vorurteile", sagte der Mann, „aber irgendwie verstehe ich nicht, warum alle Leute so vor Theo in die Knie gehen. Meinetwegen hat er Charisma, und er weiß genau, wie er die Scheinwerfer auf sich richtet – aber er sieht inzwischen aus wie eine Eule, seit sein Gesicht ganz weiß geworden ist mit dem Alter. Wieso finden alle, er sei das Unglaublichste, was sie je zu sehen bekommen haben? Was ist denn mit Ida oder Luise?"

Theo ließ sich von dieser Heimkritik nicht irritieren. Am nächsten Tag trabte er elegant in die Büros der AD, sprang anmutig auf den Ottomanen im Zimmer der Chefredakteurin und legte sich dort in Pose. „Er ist so eine Persönlichkeit", gurrte die Chefredakteurin. „Wie kannst du ihn auf dem Boden schlafen lassen?"

Theo hatte die gesamte Redaktion im Griff. Wurde er versehentlich bei Konferenzen ausgeschlossen, weil er ihren Beginn verschlafen hatte, erreichte das zarteste, leiseste Kratzen seiner linken Vorderpfote, dass die Konferenz unterbrochen wurde, bis ihm geöffnet worden war und er sich für einen Fuß entschieden hatte, auf dem er den weiteren Verlauf der Gespräche verfolgen konnte. Er wusste genau, welcher Redakteur zu welcher Uhrzeit Mittag aß, positionierte sich rechtzeitig unter dem entsprechenden Schreibtisch und fuhr sein Bettelprogramm hoch. Um eins kam Beatrice zurück mit einem Bagel. Eckardt ging mittags essen, aber Theo brachte ihm bei, nicht ohne Doggie-Bag zurückzukommen. Der UPS-Bote lernte schnell, gar nicht erst auf die Idee zu kommen, die Pakete ohne begleitende Hundekekse abzuliefern. Ich ahnte, dass die Dinge außer Kontrolle geraten waren, als ich eines Tages mit Theo im Borchardts saß und ein Kellner einen kleinen Teller mit geschnittenem Entrecôte neben mich auf den Boden stellte. „Mit Nussbrot. Dein Lieblingsessen, Theo." Dass das klar ist: Ich habe in meinem Leben noch nie Entrecôte bestellt.

Einmal sollte ich drei Wochen lang innerhalb einer großen Tageszeitung an der Entwicklung einer Sonntagszeitung mitarbeiten und machte zur Bedingung, dass ich meine Hunde mitbringen dürfe. Der Chefredakteur ist ein Österreicher, der die Stadt Berlin mit seiner Zeitung täglich fest im Griff, aber mit dem normalen, erdigen Leben nur wenig zu tun hat. Ich glaube, er träumt sogar in Schlagzeilen. Und ich kann es nicht beschwören, bin mir aber ziemlich sicher, dass irgendwo in der großen Redaktion in einem Schrank ein ausklappbares Feldbett untergebracht ist, damit er nicht zu lange von den großen Monitoren, auf denen das Weltgeschehen weiterläuft, getrennt ist. Er rang eine Weile mit sich und erlaubte es schließlich.

Drei Wochen lang saß ich mit einer Truppe ungeheurer Exzentriker in einem Büro mit gläsernen Wänden und dachte mir launige Geschichten und Reportagen aus, während Theo, Luise und Ida in der Ecke schnarchten. Obwohl sie praktisch unsichtbar waren, veränderten sie die ganze Dynamik in der großen Redaktion: Alle drei Minuten ging die Tür auf, und einer der etwa zweihundert Mitarbeiter kam herein, um eine Weile auf dem Boden zu liegen und meine Hunde zu streicheln. Sie wurden gestreichelt, bis ihnen das Fell rauchte und sie nicht einmal mehr hochsahen, wenn jemand hereinkam. Offensichtlich gab es in dieser Redaktion einen großen Bedarf an Körperwärme.

Theo erwies sich einmal mehr als Hund mit einem untrüglichen Gefühl für Machtverhältnisse. Sobald nämlich der Chefredakteur unser Büro betrat – und sich dabei größte Mühe gab, die Hunde zu ignorieren –, stand der Mops auf und marschierte schnurstracks zu ihm, um sich mit liebenswürdigem Seufzer auf dessen Schuhen niederzulassen. Der Chefredakteur war unübersehbar gerührt. „Vielleicht sollte Theo eine eigene Kolumne bekommen", überlegte er.

Luise dagegen war mehr politisch interessiert. Direkt neben dem Entwicklungsbüro war ein großes, ebenfalls gläsernes Interviewzimmer. Eines Tages kam der Berliner Innensenator Eckhart Körting, um sich über die Zuwanderungspolitik Berlins befragen zu lassen. Auf den Gängen standen große, durchtrainierte Jungspunde mit Mikros im Ohr und schlecht sitzenden Anzügen, die durch ihre Haltung – breitbeinig, Hände vor dem Schritt zusammengelegt – sofort verrieten, dass sie Leibwächter waren. Allerdings waren sie nicht ganz bei der Sache und guckten gebannt in unser Entwicklungsbüro, als sähen sie bei *Big Brother* zu. Luise war ihrerseits vollkommen fasziniert von dem Geschehen im Nebenraum. Sie setzte sich direkt vor die Glastür – wäre sie ein Kind, hätte sie sich ihre schwarze Lakritznase platt gedrückt – und beobachtete mit höchster Konzentration jede Regung des Innenministers. Ich

konnte ihn durch die Glastür nicht hören und wollte ihn nicht
nervös machen, indem ich ihn auch noch anstarrte, doch es
war offensichtlich, dass er sich nach einer Weile von dem großen, schwarzen Pudel hinter der Glaswand hypnotisiert fühlte.
Aber er bewies, dass er ein waschechter Politiker ist, und ließ
sich nichts anmerken.

# 26

An einem sonnigen Tag im Juni sollten Theos schlimmste Befürchtungen wahr werden. Ich fuhr mit ihm zusammen im Auto nach Frankfurt, um den kleinen amerikanischen Einwanderer Harry vom Flughafen abzuholen. Theo liebt Reisen. Es gibt ihm das Gefühl, der täglichen Routine zu entkommen: Der Anblick fremder, weicher Betten und Sofas ist ihm stets eine willkommene Abwechslung. Auf Autofahrten schätzt er die Landschaft; in jüngeren Jahren saß er immer auf der Hutablage, wo er gleichzeitig den Verkehr im Auge behalten und höhnisch anderen Hunden hinterherschauen konnte, die gezwungen wurden, zu Fuß zu gehen. Er konnte alles sehen, ohne auch nur den Kopf zu heben oder zu drehen; der einzige körperliche Aufwand, den er leisten musste, war das Rollen seiner Augäpfel.

Mit zunehmendem Alter und in Ermangelung einer Hutablage in dem neuen, größeren Auto hat er in den letzten Jahren die Rückbank für sich entdeckt: Weich, großzügig und breit genug, ist sie ideal für die emotionalen Bedürfnisse eines fahrenden Mopses geeignet. Vorsichtiges, umsichtiges Fahren erlaubt ihm sogar, ein eventuelles Schlafdefizit aufzuholen. Der Mann macht sich regelmäßig lustig über den offensichtlichen Unterschied meiner Fahrweise mit oder ohne Hund im Auto. „Ohne Hund im Auto fährst du, als würdest du für die Rallye Dakar trainieren", behauptet er. „Mit Hund fährst du sanft und defensiv, damit bloß keinem schlecht wird, kein Reifen quietscht – du bremst sogar vorsichtig, damit die Hunde nicht schlecht träumen."

Während die Pudeldamen sich territorial uninteressiert verhalten, betrachtet Theo das Innere des Autos als seine private Domäne und wendet strenge Maßnahmen an, diese gegen Eindringlinge zu verteidigen. Dies kann problematisch werden, wenn beispielsweise Polizisten versuchen, mit mir Kontakt aufzunehmen, oder jemand versucht, meine Fenster zu säubern: Theo wirft sich mit voller Empörung und seinem ganzen Gewicht gegen die Scheiben, reißt sein Maul auf und brüllt und spuckt gegen das Glas, sodass von außen der Eindruck entsteht, ich transportiere eine Wagenladung voller Höllenhunde. Kommunikation mit der Außenwelt kann ein wenig knifflig werden, aber immerhin nicht unmöglich. Ich habe in den vergangenen dreizehn Jahren gelernt, mich mit Handzeichen verständlich zu machen oder die Scheibe ein winziges bisschen herunterzulassen, um mit der Person auf der anderen Seite Kontakt aufnehmen zu können. Tatsächlich haben Theos Ausfälligkeiten mehr als einmal dafür gesorgt, dass mir Strafzettel erspart blieben.

Diesmal fuhr ich allerdings weniger defensiv: Ich war so nervös, als stünde eine Niederkunft bevor. Dass es tatsächlich eine schwere Geburt werden sollte, ahnte ich noch nicht, genauso wenig, wie ich ahnte, dass der Kargo-Bereich des Flughafens nun für einige Stunden mein permanenter Aufenthaltsort werden würde. Ich hatte mir vorgestellt, die ganze Angelegenheit in kürzester Zeit hinter mich zu bringen. Ich hatte ja keine Ahnung.

Um viertel nach sieben sollte das Flugzeug landen. Um Punkt 7:15 Uhr fuhr ich zum Büro des Amtstierarztes, einem dunklen, verschlagähnlichen Container in einer großen Halle, in dem Menschen mit sehr viel Zeit über anderer Leute Zeit bestimmten. Wer Zeit hat, sich einen Hund aus Amerika zu besorgen, der kann auch noch ein bisschen länger warten, war hier offenbar das Motto.

„Die Papiere hat das Kargo-Büro", wurde ich freundlich informiert. „Die werden Ihnen dort ausgehändigt, dann kommen Sie zu mir zurück." Sehen durfte ich das Hündchen natürlich nicht.

Ich fuhr etwa 15 Kilometer in einen anderen Bereich des Flughafens, in dem sich das Kargo-Büro von Northwestern Airlines befand, und passierte eine Schranke. Dort wurde ich gebeten, mein Auto zu verlassen, eine Kopie von meinem Personalausweis anfertigen zu lassen und einen Pass für diesen speziellen Teil des Flughafens zu beantragen. Anschließend stieg ich wieder ins Auto, fuhr noch einmal etwa zwei Kilometer und fand schließlich das Kargo-Gebäude, das aus Spanplatten und Glas zu bestehen schien. Es lag da in völliger Stille. Niemand zu Hause, in keinem einzigen Büro. Nirgends. Das Haus war vollkommen leer. Theo und ich warteten eine Stunde, schließlich zwei.

Dann erschien eine junge, blonde Person und erklärte, sie habe gerade Frühstückspause gehabt, habe aber hier Papiere für einen Hund, ob ich vielleicht auf die warte? Sie übergab mir einen sehr dicken Umschlag, in dem sich Harrys Ahnentafel befand, Fotos von seinen Eltern, eine Anweisung, wie man Windspiele auf dem Arm halten solle, weil „Windspiele glauben, sie könnten fliegen", ein Schreiben des amerikanischen Amtstierarztes, der statuierte, dass Harry sich bei bester Gesundheit befinde, mehrere wichtig aussehende, gestempelte Bögen, auf denen seine Impfungen dokumentiert waren, ein Umschlag mit Vitamintabletten und ein Tütchen mit einem weißen Pulver, das nicht etwa dazu da war, mich beim Durchhalten zu unterstützen, sondern Elektrolyte enthielt, falls das Hündchen vor Aufregung Durchfall bekommen hatte. Oder wer auch immer.

Ich fuhr zurück zur Schranke, gab meinen temporären Ausweis ab, bekam meinen Führerschein wieder und fuhr zurück zum Büro des Amtstierarztes, stieg die Treppen hinauf und hielt ihm die Papiere unter die Nase. Er nahm sich viel Zeit, sie eingehend zu betrachten.

„Sehr gut", sagte er schließlich. „Meistens fehlt irgendetwas, aber Sie haben ja sogar alles doppelt."

Ich war dankbar, dass er nicht noch mein polizeiliches Führungszeugnis verlangte – warum sollte es jetzt plötzlich so glatt gehen? –, da packte er die Hälfte der Papiere wieder zusammen.

„Jetzt müssen Sie zum Zoll", sagte er. „Dort bezahlen Sie und dann kommen Sie wieder zurück. Dann untersuche ich den Hund, und wenn alles gut geht, können Sie ihn anschließend mit nach Hause nehmen."

Ich glaubte nicht mehr daran: Mittlerweile waren drei Stunden vergangen.

„Können Sie ihn nicht untersuchen, während ich beim Zoll bin? Dann geht es doch sicher etwas schneller."

Er schüttelte bedauernd den Kopf.

„Vorschriften. Vielleicht kommen Sie ja nicht zurück."

Wahrscheinlich war das die Logik der Bürokratie, Sinn ergab es jedenfalls nicht. Wenn ich nach Monaten sorgfältiger Planung, einem ganzen Stapel von Papieren, Telefonaten mit den verschiedensten Amtstierärzten, nicht zu sprechen von den Stunden, die ich bereits auf diesem Gelände herumgekarrt war, so weit gekommen war – wieso sollte ich jetzt plötzlich meine Meinung ändern und den Hund einsam und herrenlos am Frankfurter Flughafen zurücklassen?

Ich stieg also erneut ins Auto, fuhr in einen weiteren Absperrbereich, betrat das Zollbüro und wartete. Nach einer halben Stunde kam ein Beamter und packte umständlich die Papiere aus dem Umschlag aus.

„So, so", sagte er. „Italian Greyhound?" Er sprach es phonetisch deutsch aus. „Was soll das sein?"

„Ein Hund", sagte ich und klang vielleicht einen Hauch angestrengt.

„Aus Amerika? Gibt's die hier nicht?"

Ich war seit fünf Uhr morgens wach, hatte eine Odyssee auf diesem Flughafen hinter mir und war nicht in der Stimmung, über meinen Einfall zu plaudern, einen Hund aus dem Ausland zu importieren. Momentan hielt ich die ganze Sache selbst für eine Schnapsidee. Ich zahlte Einfuhr- und Mehrwertsteuer, nahm die Papiere mit weiteren Stempeln in Empfang, fuhr durch eine Schranke, durch eine zweite und ging zurück in das Büro des Amtstierarztes, das mir mittlerweile ganz vertraut erschien. Der Mann stempelte die Papiere.

„So, jetzt können Sie nach unten gehen und Ihren Hund holen", sagte er.

„Ist er gesund? Ist alles gut?"

Er lächelte. „Es geht ihm bestens."

Ich lief um das Gebäude herum, aus dem gerade ein Amerikaner mit seinem Sohn und einem riesigen, euphorischen Weimaraner kam, und betrat eine düstere Zwingeranlage, die etwa den Charme der Gefängnisanlage in Guantánamo besaß – der Geruch, stellte ich mir vor, war sicherlich auch ganz ähnlich. Dort war ein weiteres Büro. Eine streng aussehende Dame nahm meine Papiere, besah sie genau und bat mich dann um 35 Euro Unterbringungsgeld dafür, dass Harry mitsamt seiner Flugbox vier Stunden in einem Zwinger gestanden und ihm jemand einen Wassernapf hingestellt hatte. Das Pfötchenhotel, ganz nebenbei, kostet 25 Euro am Tag mit voller Verpflegung, Balkonzimmer mit Blick ins Grüne und mehreren Spaziergängen am Tag.

Harry hatte seit seiner Ankunft in Frankfurt seine Flugbox offenbar nicht verlassen, aber der dunkle, scharf nach Urin riechende Zwinger wirkte auch wenig einladend. Er sah weniger aus wie ein Windspiel als wie ein Windhauch – winzig, zart und zauberhaft. Als ich ihn auf den Arm nahm, sah er mich aus graublauen Augen prüfend an und stopfte dann seinen schmalen Kopf zwischen meinen Arm und meinen Körper, um von dieser wilden, lauten Welt erst einmal nichts mehr sehen zu müssen.

# 27

Bevor wir die Rückfahrt nach Berlin antraten, machten wir ein paar Stunden Pause im Garten meiner Tante. Sie liebt Tiere genauso wie ich und ist jederzeit für merkwürdige, abenteuerliche Tierrettungsaktionen zu haben: Ich vermute stark, wir haben den gleichen Gen-Defekt. Sie hat nur zwei Möpse, Kaspar und Livia, und versucht regelmäßig, mir Theo abzuschwatzen, weil sie wahrscheinlich hofft, so könne sie vor ihrem Mann einen dritten Hund rechtfertigen und größere Diskussionen elegant umschiffen.

„Der arme Theo", sagte sie angesichts des zarten Windspiels, „er dachte, du wolltest einen speziellen Ausflug mit ihm machen und fühlte sich schon geehrt. Und jetzt das."

Mein Schuldgefühl hatte sowieso schon die Ausmaße einer kompletten Wohnzimmereinbauschrankwand, und Theo, als guter Hund stets sensibel für meine Stimmungen, nutzte dies sofort zu seinem Vorteil. Er schloss seine Augen halb, legte die Ohren an und sank im Sitzen leicht vorne über, sodass er aussah wie das Leiden Christi. Was hatte ich ihm angetan? Ich fühlte mich furchtbar.

„Du könntest ihn ja bei mir lassen", meinte meine Tante. „Du brauchst ihn doch eigentlich nicht mehr, du hast doch die Pudel und jetzt den kleinen Harry."

Es ist nicht leicht, eine Liebesgeschichte mit einem Wesen zu erklären, das wie eine Comicfigur aussieht, das weder als Hüte-, Such- oder Apportierhund zu gebrauchen ist – es sei denn, es geht darum, eine Pizza zu suchen und zu apportieren. Aber es gab bisher nicht einen einzigen Tag, an dem Theo mich nicht zum Lachen gebracht hätte. Von den meisten Leuten, die ich kenne, kann ich das nicht behaupten. Außerdem ist Theo sehr verlässlich: Man weiß immer ganz genau, was man von einem Mops zu erwarten hat. Meiner Tante musste ich das auch nicht erklären, denn sie lebt aus ebendiesen Gründen ihrerseits seit Jahrzehnten mit Möpsen zusammen. Kaspar und Livia betrachteten Harry gerade, als sei er ein Wesen von einem anderen Stern, während Theo sich große Mühe gab, den kleinen, blauen Hund, der ein bisschen nervös durch das hohe Gras hüpfte, tunlichst zu ignorieren. Vorläufig hoffte er wohl noch, Harry sei ein Geschenk für meine Tante. Er schob meine Socken zusammen, die ich ausgezogen hatte, weil der Tag so warm war, und legte sich in Abwesenheit eines angemessenen Kissens seufzend darauf, um ein Nickerchen zu machen.

Harry wirkte fröhlich, wenn auch ein bisschen zurückhaltend, aber das entsprach ja seiner Rasse: „Das Windspiel neigt dazu, sehr zurückhaltend oder sogar ängstlich gegenüber Fremden zu sein, mit denen es möglichst wenig zu tun haben will", hatte ich selbst 1998 in meinem Buch *Charakterhunde* geschrieben, und meistens stimmt das, was ich schreibe, auch. Friedrich der Große hatte seiner Schwester Wilhelmine einmal geschrieben, sein Tierarzt sei ein Idiot, weil der nicht verstehen wolle, dass „die Windspiele keine Hunde, sondern Vögel auf vier Beinen" seien.

Für die Rückfahrt setzte ich Harry zusammen mit Theo in ein olles, stinkiges Körbchen, das meine Tante mir für den Kleingemüse-Transport zur Verfügung gestellt hatte, und begab mich auf die Autobahn. Harry kuschelte sich unter Theo, der diese Kontaktaufnahme gnädig hinnahm, und beide schliefen prompt ein. Ich fuhr so sanft, als würde ich kistenweise rohe Eier befördern. Unterwegs hielt ich in regelmäßigen Abständen von zwei Stunden an, um mit den beiden sehr unterschiedlichen Herren ein bisschen spazieren zu gehen. Sie waren ein erstaunliches Paar, der eine das grundsätzliche Gegenteil des anderen. Theos Statur war rundlich, kompakt und gedrungen, Harrys vier Monate alter Körper dagegen leicht, aerodynamisch und athletisch. War Theos Kopf aus allen Perspektiven rund, hatte Harrys Kopf eine schlanke, schmale und erstaunlich unkindliche Form. Im Gegensatz zu Theos großen, runden und dunklen Augen waren die von Harry mandelförmig und dunkelgrau. Aber sie schienen einander zu mögen: Harry klemmte sich an Theos Fersen, sah sich zwar häufig um, aber hopste gut gelaunt durch die Sonne auf Wiesen und Waldstücken zwischen Hessen und Brandenburg.

# 28

Die Pudelmädchen begrüßten Harry freundlich, aber mit mäßigem Interesse: Er war ihnen wohl zu klein, zu dünn, zu jung, um wirklich als gleichberechtigter Spielgefährte in Frage zu kommen. Harry tanzte auf seinen langen, dünnen Beinchen durch die Wohnung, suchte sich eines der Hundebetten aus und wollte schlafen. Sobald wir uns allerdings bewegten, reckte er sofort seinen langen Hals und betrachtete uns erstaunt.

„Er sieht aus wie eine Mischung aus Vogel, Spazierstock und Periskop", stellte der Mann fest.

Innerhalb der Wohnung und des Gartens war Harry zwar zurückhaltend, aber guter Dinge. Er war fasziniert von Noah, dem großen, alten siamesischen Kater, der in seinen sechzehn Jahren mit so vielen verschiedenen Hunden zu tun gehabt hatte, dass ihn nichts mehr erschrecken oder verwundern konnte; tatsächlich hielt er sich selber wohl für eine Art Hund der übergeordneten Art. Als Luise bei uns einzog, verliebte sie sich auf den ersten Blick in den Kater. Noah stammt aus Los Angeles, wo ich ihn eines Tages im Müll gefunden habe. Obwohl Luise durchaus fremde Katzen auf der Straße jagt, betet sie Noah an und folgte ihm von Anfang an auf Schritt und Tritt, was er sich gnädig gefallen lässt, obwohl es ihm manchmal lästig sein muss, ständig einen riesigen, schwarzen Schatten über sich und eine kalte, feuchte Nase am Po zu haben. Gleichzeitig entbehrt das ungleiche Paar nicht einer gewissen Komik: Wenn sie Schulter an Schulter durch Haus oder Garten laufen, sieht es so aus, als unterhielten sie sich – Noah maunzt vor sich hin, und Luise sieht ihn dabei so konzentriert an, als lausche sie jedem Ton. Früher, als wir in Hamburg noch in einer ruhigeren Straße wohnten und Noah vor allem über volle jugendliche Kraft verfügte, begleitete der Kater uns und die Hunde oft auf der letzten Runde. Falls er getrödelt hatte oder irgendwie zurückgeblieben war, rannte er laut rufend hinter uns her, bis er uns eingeholt hatte – was ein sehr merkwürdiges Bild sein musste für Leute, die uns nicht kannten: eine Art gemischter Wanderzirkus, der von einem laut miauenden Kater verfolgt wurde. Auch nach Jahren der Bekanntschaft haben sich bisher keinerlei Hinweise auf Abnutzungserscheinungen der tiefen Zuneigung zwischen Luise und Noah angekündigt. Sobald wir von einem Spaziergang nach Hause kommen, rennt Luise durch die ganze Wohnung, um Noah zu suchen – als hätte er ihr wirklich in der Zwischenzeit gefehlt. Ich glaube fast, die Beziehung zwischen den beiden ist die stabilste, die ich kenne.

Noah bemühte sich umgehend, Harry wenigstens die rudimentärsten Vokabeln der Katzensprache beizubringen: Das motorenähnliche Geräusch bedeutete, dass der Kater entspannt und gutgelaunt war; ein gekrümmter Rücken hieß, dass er Harry davor warnte, ihn am Genick durch die Wohnung zu ziehen; und wenn der Kater auf einen Stuhl sprang, bedeutete dies nicht, dass er sich jetzt am allermeisten nach Harrys Liebe sehnte. Harry dagegen verstand nicht, warum Noah auf einem Tisch gefüttert wurde, wo es den Hunden doch verboten war, überhaupt auf die Tischplatte zu gucken, warum er auf dem Fensterbrett schlafen durfte, aber Harry nicht, und warum er unglaublich stark duftendes Katzenfutter aus der Dose bekam, was ähnlich verführerisch wie warme Würstchen oder Pizza auf die Hunde wirkte, während sie sich mit Frischfleisch und Gemüse zufriedengeben sollten. Demokratie gibt es nicht in unserem Haushalt. Jeder Einzelne genießt irgendwelche Privilegien, die den anderen verwehrt bleiben. Die Welt ist ungerecht, das lernte auch Harry sehr schnell.

Er selbst zum Beispiel schlief nachts grundsätzlich bei uns im Bett. Dies ist ein Privileg, das noch kein Hund in 30 Jahren meiner Hundehaltung erreicht hatte: Meine Betten waren immer hundefreie Zone, außer in absoluten Ausnahmefällen oder wenn ich krank war und zu schwach, mich ihrer flehenden Blicke zu erwehren. Das menschliche Bett ist offensichtlich das einzige Möbelstück, das der ewigen Suche des Hundes nach dem idealen Schlafplatz in jedem Punkt entspricht. Schlafen und Ruhen ist auf der Liste der Hundeprioritäten ganz oben, weshalb der Schlafplatz ebenfalls eine ganz hohe Priorität hat. Das menschliche Bett erlaubt dem Hund, sich in alle Richtungen bequem auszustrecken. Im Idealfall steht es so, dass es tagsüber sonnige Plätzchen darauf gibt. Wenn die Raumtemperatur sich unterhalb hundegenehmer Grade befindet, kann man die Tagesdecke auf den Boden befördern und sich unter die Daunendecke legen. Die Laken sind gewöhnlich sauber, und es gibt Kissen, die leicht genug sind, um sie in die gewünschten Positionen zu schieben. In den Tagesstunden kann der Hund im Schlafzimmer gewöhnlich Ruhe und Ungestörtheit finden, wohingegen er in der Küche doch immer Gefahr läuft, jemandem zwischen die Füße zu geraten oder seinerseits jemandem auf die Füße zu treten; im Wohnzimmer kann es passieren, dass sich jemand auf ihn setzt, während er versucht, sich aufs Sofa zurückzuziehen.

Das einzige Problem, das ein Bett Hunden bereitet, ist, dass Menschen gewöhnlich der Meinung sind, dies sei ihr Schlafplatz, und den Hund mitten in der Siesta mit rauem Tonfall herunterscheuchen oder abends im Schlafanzug auftauchen und darauf bestehen, besagtes Bett nicht nur nicht dem Hund zu überlassen, sondern es auch noch ganz für sich allein zu beanspruchen.

Harry ignorierte dieses Problem ohne jegliches schlechtes Gewissen. Jeder weiß, dass Windspiele sehr viel Körperkontakt brauchen, vor allem Windspiele wissen das. Harry tauchte gleich nach seinem Einzug bei uns mit völliger Selbstverständlichkeit unter die Bettdecke, wurschtelte sich durch die verschiedenen Lagen, Falten und Kissen und fand seine bevorzugte Schlafposition für den Rest seines Lebens an meinem Bauch oder dem (deutlich weniger weichen) des Mannes, jedenfalls so eng an unseren Körpern, wie es nur ging.

Windspiele wurden in früheren Jahrhunderten in zugigen Schlössern dafür genutzt, um die klammen Betten – quasi als lebende Wärmflaschen – vorzuheizen. In Harrys Fall scheint es allerdings so, als betrachte er eher uns als seine Wärmflaschen. Im Laufe der Monate und mit zunehmender Sommerhitze bewegte er sich freier im Bett. Inzwischen wechselt er im Laufe der Nacht die Position und nimmt mit seinen kleinen Pfoten praktische Abkürzungen über unsere Körperteile, die aber glücklicherweise weich genug sind, sodass er im Halbschlaf nicht gestört wird, schläft auf meinem Kopf oder drapiert sich elegant um ihn herum wie eine 38,5-Grad-Kopfbedeckung. Harry vertritt absolut die Meinung, dass man sich Kissen teilen sollte, und findet auch nicht, dass sie ausschließlich als Kopfstütze nutzbar sind. Vielleicht für den Menschen, das schon, aber nicht für Hunde.

# 29

Merkwürdigerweise wurde Harry im Laufe der kommenden Tage schüchterner, nicht etwa selbstsicherer, wie man es vermuten sollte bei einem Hund, der sich langsam eingewöhnt. Nachdem er in den ersten Tagen, ohne mit der Wimper zu zucken, sämtliche Geschäfte im Garten verrichtet hatte, um dann wieder in die Wohnung zurückzukehren, fürchtete er sich plötzlich, zog die Rute ein und rannte zurück in Richtung Haustür. Ich hatte kein Geräusch gehört, das ihn hätte erschrecken können, und versuchte, ihn fröhlich zurückzurufen, aber er wollte den Garten unbedingt verlassen und sprang federnd an der Tür hoch, bis zur Klinke, mit wachsender Anstrengung. Oben angekommen, pieselte er sofort auf die Welpenwindeln, die ich vorsichtshalber und für den Fall, dass ich seine Bedürfnisse einmal übersehen sollte, in der Küche ausgelegt hatte, die er aber bisher nicht benutzt hatte, außer um sie launig zu zerreißen. Ab jetzt benutzte er sie rein zweckgebunden, und zwar in aller Ausschließlichkeit. Er weigerte sich, in den Garten zu gehen, als seien dort sieben Höllenhunde hinter ihm her gewesen. Auch die Anwesenheit von Luise, Ida oder Theo konnte ihn nicht davon überzeugen, dass der Garten ein Ort der Entspannung und Freizeitgestaltung ist.

Harry wollte überhaupt nicht mehr aus dem Haus. Ich lasse jungen Hunden sowieso viel Zeit, bevor ich sie mit in Parks und auf lange Spaziergänge nehme, weil ja schon in einem neuen Zuhause so vieles auf sie einstürmt, das sie erst einmal verarbeiten müssen, dass ich ihre Welt nur langsam erweitern möchte. Nur auf die letzte, kurze nächtliche Runde hatte ich ihn von Anfang an mitgenommen, doch auch hier lief er plötzlich geduckt und hektisch neben uns an der Leine. Sobald wir stehen blieben, sicherte er wie ein kleines Reh nach allen Seiten und zog auf dem Rückweg nach Hause, als ginge es um sein Leben. Wenn ein Blatt an ihm vorbeiwehte, zuckte er zusammen, als sei er angefahren worden; Verkehrsgeräusche machten ihn panisch, der Anblick anderer Menschen löste bei ihm Zittern und Beben aus. Wenn er die Nachbarskinder im Hof spielen hörte, zog er sich zitternd aufs Sofa zurück; wenn das Fenster zur Straße offen war, sackte er bei jedem Motorbrummen in sich zusammen.

Ich wusste nicht mehr weiter. Ich ließ ihn zu Hause, zwang ihn nicht mehr, sich im Garten zu lösen oder uns auf Spaziergängen zu begleiten, damit ich unsere zarten Vertrauensbande nicht gefährdete, indem ich ihn in Situationen brachte, die sich für ihn schrecklich und ausweglos anfühlten. Die Züchter verstanden nicht, was los war; ich setzte mich mit den Besitzern seiner Wurfgeschwister in Verbindung, von denen keiner auch nur annähernd ähnliche Probleme hatte: Harrys Brüder und seine Schwester nahmen völlig normal am Familienleben teil, gingen mit drei verschiedenen Personen in die Hundeschule und verhielten sich wie ganz gewöhnliche Hunde.

Harry benahm sich, als habe er eine schwere Depression. Ich sprach mit anderen Windspiel-Züchtern, ob sie ein solches Problem kannten, und eine von ihnen, Jennifer aus Ohio, kannte derlei tatsächlich. „Manche Windspiele leiden sehr stark unter Trennungsängsten", sagte sie. „Vielleicht war Harry in den ersten Tagen zu abgelenkt, als dass er gleich merken konnte, wie sehr er seine Geschwister vermisst. Windspiele sind hochsensibel, manchmal eben zu sehr."

Nach langen Gesprächen mit Harrys Züchtern stellte sich heraus, dass er offenbar ein sehr enges Verhältnis zu einem seiner Brüder gehabt hatte, einem besonders selbstbewussten

Windspiel. Er hatte sich in seinen ersten vier Monaten offenbar so stark an diesem Bruder orientiert, dass keine richtige Sozialisation bei ihm stattgefunden hatte. Wenn der Bruder losgestapft war, um nachzusehen, wo es raschelte, war Harry hinterhergehopst, ohne allerdings das Rascheln wirklich wahrgenommen zu haben. Wenn sein Bruder sich über irgendetwas gefreut hatte, hatte Harry es ihm gleichgetan, aber sozusagen ohne eigenen Entschluss. Bei uns angekommen, hatte er noch ein paar Tage lang auf Autopilot funktioniert, bis ihn das Grauen packte: Alles war so fremd, kein Verwandter in der Nähe, der ihm signalisierte, dass das Leben okay war. Die Welt schien ihm nun ein entsetzlicher Ort zu sein.

Harry lehrte uns den Unterschied zwischen Angst und Fürchten. In der klinischen Definition wird nämlich zwischen beidem unterschieden: Furcht ist ein reaktives Verhalten auf einen Reiz, den der Hund nur als einigermaßen gefährlich erachtet – er ist aber noch psychisch und körperlich imstande, den Reiz zu erforschen oder aber zu flüchten. Angst ist dagegen eine sehr heftige Verhaltensreaktion auf einen Reiz, den der Hund als sehr gefährlich ansieht. Er glaubt, in eine vermeintlich ausweglose Situation geraten zu sein, weil er weder psychisch noch körperlich in der Lage ist, dem Reiz zu entkommen oder ihn genau anzusehen. Hunde mit Angst zeigen körperliche Symptome wie erhöhte Herzfrequenz, Hecheln, Speicheln und Schwitzen an den Pfoten oder setzen unkontrolliert Harn oder Kot ab. Zu Angstzuständen kommen dann Vorahnungen des Hundes; er wird ungeheuer wachsam gegenüber minimalsten Veränderungen in seiner Umgebung: Wehe, im Park steht ein Kinderwagen an einer Stelle, an der gestern noch kein Kinderwagen stand! Wehe, auf dem Weg, auf dem einem bis gestern noch nie ein Mensch begegnet ist, läuft heute jemand entlang! Gefahr!

Hunde in Angst leben in einer ständigen Verteidigungshaltung gegenüber der gefährlichen Umwelt. Manche werden „nur" krank, andere gefährlich, oder sie entwickeln beruhigende Ersatzhandlungen, indem sie sich permanent die Pfoten lecken, an Körperteilen kauen, ständig trinken oder übersteigert an ihrer Bezugsperson hängen.

„Desensibilisierung" ist das Wort, das man mit einem furchtsamen oder ängstlichen Hund am häufigsten zu hören bekommt. Das bedeutet, dass man sein Tier dem Angstauslöser aussetzt, allerdings in so niedriger Konzentration, dass die Angstreaktion relativ gering ist. Fürchtet sich ein Hund beispielsweise vor Kindern, setzt man sich in die Nähe eines Spielplatzes, so weit entfernt, dass er die Kinder von Weitem sehen und hören kann, sich aber nicht direkt bedroht fühlt. Auf diese Weise kann das Gehirn des Hundes sich an die Angst auslösenden Signale gewöhnen und Entspannung eintreten, und der Mensch kann das entspanntere Verhalten belohnen.

Bei Harry funktionierte das nicht. Es gab keine Möglichkeiten, ihn seinen Dämonen – den Angstauslösern – in so kleinen Dosen auszusetzen, dass er sich daran gewöhnen konnte, man also eine Desensibilisierung beginnen konnte. Schon das kleinste Signal reichte aus, um ihn in einen Zustand totaler Panik zu versetzen. An einen Hund in Panikzustand kommt man nicht mehr heran, weil sein kleines Gehirn direkt in den Überlebensmodus geht: „Mayday, Mayday!" Harry neigte zu fatalen Verknüpfungen: Wir gingen über eine Brücke, und ein Lastwagen kam an uns vorbeigefahren, während er aus dem Augenwinkel ein Fahrrad sah. Am nächsten Tag waren dann nicht nur alle Lastwagen Grund zur Panik, sondern auch alle Brücken und alle Fahrradfahrer.

Ein Hund, der neben der emotionalen Anspannung alle körperlichen Symptome der Angst erlebt, ist unfähig zu lernen. Wenn sich das Gehirn in hochgradiger Alarmbereitschaft befindet und die ganze physiologische Stressreaktion massiv anläuft, ist alles Denken ganz einbahnstraßenmäßig nur noch aufs Überleben ausgerichtet. Signale vom Menschen kommen gar nicht mehr an.

Also veränderten wir unser Leben vollkommen. Wir waren uns gar nicht darüber im Klaren, wie unerhört fähig wir zur Rücksichtnahme waren. Wir hörten leise klassische Musik, hauptsächlich Bach und Mozart, weil wir wussten, dass derlei erfolgreich in Hühnerfarmen eingesetzt wird, um die Legehennen zu entstressen. Wir organisierten straff, wer von uns wann mit den anderen Hunden spazieren ging, damit Harry zu keiner Zeit allein blieb und keine neuen Verlustängste aufbaute und sowohl die anderen Hunde als auch wir selbst ein paar Stunden lang normal spielen, sprechen und uns bewegen konnten, ohne bei jedem lauteren Geräusch in Vorahnung und sozusagen stellvertretend zusammenzuzucken. Wir sahen uns keine Krimis mehr im Fernsehen an, um unnötige Schussgeräusche zu vermeiden, sondern nur noch sanfte Liebesfilme und Musicals.

Der Mann seufzte. „Ich dachte nicht, dass ich jemals das Bedürfnis nach echten Action-Filmen haben würde", sagte er. „Aber ich sehne mich nach Jackie Chan, irgendwas mit brennenden Autos und vielen Explosionen." Ich verzieh ihm solche niederen Bedürfnisse, weil ich ja gerade seine Verwandlung in einen Heiligen miterleben durfte. Was mich nur bedingt tröstete: Es bedeutete ja, dass ich im Himmel wieder nicht mit den interessanten Intellektuellen, Künstlern und Pilgern zusammenkäme, sondern garantiert im Hundehimmel landen würde, wo ich – wie auf Erden – bis ans Ende meiner Tage Bälle werfen, Wiener Würstchen verteilen und warme Bäuche kraulen würde. Nun gut. Es gibt Schlimmeres.

# 30

Das Tempo, mit dem Theo Futter in seinem kleinen Körper verschwinden lässt, ist ein Naturspektakel. Das liegt daran, dass er in der Lage ist, den Inhalt seines Futternapfes komplett und auf einmal zu schlucken, egal, wie groß die Portion ist. Theo macht sich gar nicht erst die Mühe zu kauen, wahrscheinlich, weil er damit zu viel Zeit verlieren würde. Wenn ich die gefüllten Futternäpfe auf die bestimmten Plätze gestellt habe, kann ich die Küche nicht verlassen. Sobald Theo fertig ist mit Fressen, stellt er sich wie eine Muräne mit verkniffenem Gesichtsausdruck in Zielrichtung eines der anderen Hunde: Wer versehentlich den Kopf hebt, wird von Theos bösem Blick getroffen. Dieser führt dazu, dass der angestarrte Hund seinen Futternapf samt Inhalt verlässt und höflich zur Seite tritt, damit Theo freien Zugang hat. Sobald er dieses Futter gefressen hat, wiederholt er das Spektakel beim nächsten Hund und anschließend beim letzten, falls der so dumm war, sein Futter zu kauen, und dementsprechend noch nicht fertig ist mit seinem Essen. Wenn ich also verhindern möchte, dass Theos Figur dramatische quadratische Ausmaße annimmt, muss ich oder jemand anders, der ebenso aufmerksam ist, bei den Hundemahlzeiten anwesend bleiben und Theo in seine Schranken weisen.

Für Harry waren diese Mahlzeiten ein Quell ungeahnter Spannungen. Er fraß nicht besonders gut, weil er dauernd sicherstellen musste, dass ihn niemand fressen wollte. Sobald es ein Geräusch gab, das ihm merkwürdig vorkam, stellte er das Fressen sofort ein. Also beschloss ich, ihn vorsichtig an fremde

Geräusche zu gewöhnen, indem ich eine Anti-Stress-CD für Hunde kaufte, die ich von nun an zu den Mahlzeiten abspielte. Auf dieser CD befand sich esoterisch klingende Beruhigungsmusik, untermalt von täglichen Geräuschen der menschlichen Welt, wie Bohrmaschinen, Gelächter, Autohupen, niedrig fliegende Flugzeuge, Müllabfuhrgeräusche und kreischende Kinder.

„Ich verstehe nicht, warum du dafür eine CD kaufen musstest", meinte der Mann, „du könntest doch einfach die Fenster aufmachen."

Die Geräusche auf der CD folgten dabei aber einem bestimmten Rhythmus und steigerten sich langsam in Lautstärke und Intensität, während die Geräusche im Hof und auf der Straße ja immerzu laut, überraschend und dementsprechend erschreckend waren. Und es ging schließlich darum, Harry zu desensibilisieren. In den nächsten Wochen hörten wir also morgens bei der Futterzubereitung und der anschließenden Verfütterung die CD. Wer mich zu dieser Zeit am Telefon erwischte, wunderte sich zwar über das Verkehrsaufkommen und die vielen Tiefflieger in meiner Wohnung, erstaunlicher allerdings schien ihnen die Musikauswahl, die ich in letzter Zeit traf: sanfte Meditationsmusik statt Elvis oder Punkrock. Hauptsache, Harry ging es gut.

Dabei ist es tatsächlich sehr anstrengend, mit einem psychotischen Hund zu leben. Es ist schwierig, sich ständig gegen so viel Stress und Angst abzugrenzen: Man wird selber ganz gestresst, sobald ein Kind neben einem kreischt, ein Auspuff knallt oder ein Lastwagen mit gewaltigem Getöse zu schnell die Straße herunterdonnert, weil man sofort darüber nachdenkt, was diese Geräusche bei dem kleinen Hund auslösen werden. Ich ging bei großem Krach nicht mehr einfach die Straße entlang, sondern murmelte andauernd fröhliche Bestätigungen in Harrys Richtung, nahm eine innere Hurra-Haltung ein und sprach ihn mit dem Beruhigungs-Code an, auf den ich ihn trainiert hatte, wenn etwas vermeintlich Erschreckendes passierte. Ich wurde genervt, wenn Leute auf der Straße laut riefen, angestrengt, wenn Kinder mit Rollern an mir vorbeischossen, und hasste alle Fahrradfahrer, die statt auf dem Radweg auf dem Gehweg fuhren – was Radfahrer in Berlin grundsätzlich tun. Ich dachte ernsthaft darüber nach, ob man nicht ein Fahrverbot für Lkws in der Stadt erreichen könne. Ich ging morgens auf dem Weg in den Park nicht mehr in der kleinen Espresso-Bar vorbei, um ein Nougat-Croissant und einen Latte macchiato mit auf den Spaziergang zu nehmen, weil Harry entsetzliche Angst vor dem Geräusch der Espressomaschine und den anderen Leuten im Café hatte. Obwohl wir jeden Morgen genau den gleichen Weg machten, entspannte er sich nicht.

„Ich habe nicht das Gefühl, dass es mit Harry irgendwie besser wird", sagte ich schließlich verzweifelt zu dem Mann. „Ich weiß nicht mehr, was ich machen soll."

„Du hast schon alles getan, was überhaupt möglich ist, außer ihn auf einer Montessorischule anzumelden", sagte der Mann. „Vielleicht musst du dich einfach damit abfinden, dass wir in Harry einen sehr, sehr neurotischen Hund haben, mit dem das Leben nie so sein wird, wie wir es uns vorgestellt haben."

Diese Vorstellung war wenig tröstlich.

„Was soll ich denn noch tun", bemitleidete ich mich selbst. „Ich habe so gut recherchiert, mir so viel Mühe gegeben, ständig mit den Züchtern gesprochen – andere Leute ziehen Hunde aus Kartons, kaufen sie in Tiergeschäften oder irgendwelchen polnischen Händlern ab, und die Hunde sind trotzdem okay. Warum bekomme ausgerechnet ich so einen Hund?"

Der Mann sah mich verständnislos an.

„Wer hätte diesen Hund denn sonst nehmen sollen?", fragte er.

Mit diesem Satz wurde das Problem plötzlich viel leichter: Wo er recht hatte, hatte er recht. Wäre Harry etwa an jemanden in New York verkauft worden, hätte er mit dem Stadtkrach noch viel größere Probleme gehabt; wäre er bei Leuten gelandet, die nicht bereit oder erfahren genug gewesen wären, auf seine Schwächen einzugehen, wäre er entweder per Express an seine Züchter zurückgeschickt worden oder hätte die Wohnung seiner Besitzer sein Lebtag nicht mehr verlassen und sich mit einem Katzenklo und den bekannten vier Wänden zufriedengeben müssen.

Aber es musste ja irgendeinen Grund geben, warum gerade dieser Hund ausgerechnet bei mir gelandet war. Wenn Hunde schon so lange die viel zitierten besten Freunde des Menschen sind, konnte es doch sein, dass es in diesem Fall einfach darum ging, mich nun meinerseits als bester Freund dieses Hundes zu erweisen. Was auch immer er für Eigenheiten im Gepäck mitbrachte. Heißt es nicht so: „in guten wie in schlechten Zeiten"?

# 31

Wenn ich es mir genau überlegte, war es ja doch schon ein winziges bisschen besser geworden mit Harry. Immerhin fraß er inzwischen gerne, immerhin spielte er in der Wohnung (bei fest geschlossenen Fenstern) mit den unzähligen Spielsachen, immerhin akzeptierte er unsere Putzfrau, ohne in Ohnmacht zu fallen. Mit den anderen Hunden und dem Kater schlief er sich so durch: Wo auch immer ein anderes Tier in einem der zahlreichen Hundekörbe oder -betten lag, kuschelte er sich gemütlich dazu. Luise akzeptierte das kommentarlos, Ida knurrte zwar jedes Mal, aber jeder konnte hören, dass es ein leeres, völlig ungefährliches Knurren war, bei dem es eher ums Prinzip ging. Harry quetschte sich in die winzigsten Katzenkörbchen und schlief in seliger Umarmung mit dem Kater. Auch schien er es gemütlich zu finden, wenn Theo sich einfach auf ihn draufsetzte. Von Anfang an hatte Theo bei Harry Babysitterdienste übernommen. Wenn Harry aus irgendeinem Grunde jammerte, setzte Theo sich zu ihm – was immer bedeutete: *auf* den zarten Hund *drauf,* der daraufhin auch sofort aufhörte zu weinen. Wahrscheinlich, weil er einfach keine Luft mehr bekam.

Nur außerhalb unserer Wohnung war das Leben für Harry unmöglich. Obwohl: Sehr, sehr früh morgens nahm ich ihn mittlerweile mit in den kleinen Viktoriapark am Ende unserer Straße, bevor der Verkehr tobte, bevor Schulkinder quietschend unterwegs waren, bevor zu viele fremde Hunde hinter ihm herliefen, die ihn beunruhigen oder – viel schlimmer – jagen konnten.

Im Sommer ist es leicht, früh aufzustehen, also ging ich jeden Morgen um halb sechs mit den Hunden zum Kreuzberg. Erstaunlich, wer um diese noch ganz stille Zeit schon alles unterwegs ist. Man begegnet sich ganz vertrauensvoll und verschwörerisch, als gehöre man zu einem besonderen Club – der vereinigten Frühaufsteher nämlich –, und geht verschlafen durch den kleinen Park, unter Nachtigallen, die nicht glauben können, dass es helllichter Tag ist, und sehnsüchtig die Nacht herbeizusingen versuchen. In einer Ecke übte jeden Morgen offenbar vor der Arbeit ein Mann Trompete, der das aus gutem Grund nicht zu Hause versuchte. Manchmal sahen wir einen schönen, dunkelroten Fuchs, der die Grillabfälle untersuchte, aber komischerweise kümmerten sich die Hunde nie um ihn, und er spazierte ziemlich entspannt weiter, wenn er uns kommen sah.

Das Berliner Wildlife ist vollkommen unempfindlich, was Bürger und Haustiere betrifft, geradezu entfesselt. Der Grunewald ist voller Wildschweine, die seelenruhig direkt neben dem Weg nach Futter suchen und kaum aufsehen, wenn man an ihnen vorbeigeht. Im Winter legen sich immer wieder ganze Rotten gemütlich auf den warmen Teer der Stadtautobahn, was den Verkehr für Stunden lahmlegt, denn wie soll man eine Gruppe von zehn Wildschweinen dazu bringen, woanders zu schlafen, wenn sie doch der Meinung sind, die Welt gehöre ihnen? Niemand schießt Wildschweine in Berlin, weil man sie ja nur jagen kann, wenn die keine Frischlinge haben, und die haben sie immerhin zweimal im Jahr. Während der übrigen Zeit sind in Berliner Parks und Wäldern rund um die Uhr Menschen, was die Jagd auch einigermaßen erschwert: Manchmal ist es nicht so leicht, zwischen Mensch und Schwein zu unterscheiden. Also vermehren sich die Schwarzkittel munter weiter, durchwühlen und verwüsten die Wälder, und ab und zu trifft man dort Spaziergänger mit Hunden, die nur noch halbe

Ruten vorzuweisen, dafür aber Heldengeschichten zu bieten haben, wie ihnen der Rest des Schwanzes bei einer Auseinandersetzung mit einem Keiler abhanden kam.

Auch die Hirsche im Grunewald zeigen nicht die geringste Scheu, weil sie genau wissen, dass sie vollkommen geschützt vor Mensch und Hund hinter einem Zaun leben. Sie sichern nicht einmal, wenn man direkt zwei Meter vor ihnen steht, mit einem bebenden schwarzen Pudel an der Seite, dem wieder einfällt, dass er einst als Jagdhund gezüchtet wurde, und einem zweiten, einem braunen, der die ganze Aufregung nicht versteht und ganz konfus immer nur „Hä?" fragt. Stattdessen zeigen sie einem völlig ruhig ihr eindrucksvolles Profil samt Kopfschmuck aus verschiedenen Perspektiven. Aus unserem Schlafzimmerfenster mitten in Kreuzberg konnte ich jeden Morgen einen Fuchs über den Schulhof hinter unserem Garten streichen sehen, wahrscheinlich auf der Suche nach übrig gebliebenen Schulbroten.

Zwischen all diesen Naturereignissen fing Harry an, sich ein wenig freier zu bewegen, klebte nicht mehr direkt an meinen Fersen und versuchte auch nicht mehr, sich ungesehen durchs Unterholz zu drücken, sondern rannte auch mal hinter Ida oder Luise her, anschließend unglaublich stolz auf sich, dass er sich acht Meter weit weg getraut hatte. Er hatte von Anfang an einen fabelhaften Appell: Der große Vorteil in der Erziehung unsicherer Hunde ist ja, dass sie froh sind, wenn man sie zu sich zurückruft, anstatt noch haufenweise eigene, andere, bessere Pläne zu haben.

# 32

Ich beschloss, für eine Weile zu meinen Eltern aufs Land zu fahren, um mich fernab vom Berliner Verkehr Harrys Erziehung zum vernünftigen Hund widmen zu können. Sie wohnen in der Nähe von München in einem großen Haus mit großem Garten in märchenhafter Landschaft direkt an Feldern, Wiesen und Wäldern. Planen nicht alle Hundebesitzer so ihren Urlaub? Welche Art der Ferien wäre das Beste für meinen Hund? Wo wäre er am glücklichsten, von welchen Aktivitäten wird er am meisten profitieren, wo entspannt er sich am besten? Da die Bedürfnisse von Hunden meist ganz einfach und grundsätzlich sind, lassen sich diese Fragen oft leicht beantworten. Und trotzdem gibt es vieles zu bedenken, zum Beispiel die Wahl der Jahreszeit. Der Sommer könnte ein wenig zu heiß sein. Der Winter ein bisschen zu kalt. Frühjahr oder Herbst können sehr feucht sein, was zu Matschpfoten führt, die wenig zur Beliebtheit von Hund und Herrn bei Gastgebern oder Hotelpersonal beitragen.

Dabei verreisen Hunde eigentlich gerne, solange sie in der Nähe ihres Herrn bleiben können. Hauptsache, sie haben einen gemütlichen, weichen Schlafplatz, abwechslungsreiche Verpflegung – weshalb Hunde auch Zimmerservice und Frühstück im Bett sehr zu schätzen wissen –, und je nach Bedürfnis des jeweiligen Hundes ein entsprechendes Beschäftigungsprogramm.

Hunde lieben Ferien am Strand, sofern genug Süßwasser und Schatten spendender Baumbewuchs zur Verfügung steht, was Strandferienmöglichkeiten mit dem Hund im Grunde auf die Ostsee reduziert, wo kein normaler Mensch hin möchte. Weshalb die Reiseanbieter in Norddeutschland und Dänemark klug wären, wenn sie die Hundeferien-Nische möglichst ausbauten. Hunde lieben es, im weichen Sand zu buddeln und damit anderen Leuten unglaublich auf die Nerven zu gehen, ins Wasser zu springen und anschließend klatschnass und vergnügt zwischen Fremden auf deren Badehandtüchern herumzurasen, um den Felltrocknungsprozess an der Luft zu beschleunigen. Hunde merken schnell, dass sie mit diesem spielerischen Verhalten für ein großes Hallo am Strand sorgen und ihre Besitzer ihnen meist sogar noch hinterherrennen, also springen sie, kaum ist ihr Haarkleid leicht angetrocknet und die Strandstimmung wieder etwas beruhigter, gleich noch einmal ins Wasser, um das lustige Spiel zu wiederholen und möglichst noch schärfere Kurven um fremde Badehandtücher zu laufen. Mit genügend Übung hat man gen Ende der Ferien den Strand vielleicht sogar für sich allein. Alte Hunde amüsieren sich wenig bei Bergtouren, weil das Gelände häufig steinig und unwegsam ist und es immer wieder notwendig ist, bergauf zu gehen, während jüngere Hunde Abwechslung und, wenn möglich, ein entspanntes Sportprogramm zu schätzen wissen.

Ist Ihnen schon einmal aufgefallen, wie viele Hundebesitzer schließlich im Wohnwagen Ferien machen? Für die Menschen mag es beengt sein, der Erholungsfaktor ist möglicherweise etwas eingeschränkt, weil Lebensmittel unter erschwerten Bedingungen besorgt und zubereitet werden müssen – aber für den Hund ist es sehr angenehm, hat er doch sein vertrautes Umfeld und kann sich so benehmen, wie er es kennt und man es von ihm gewohnt ist.

Meine Möglichkeiten, ideale Ferienbedingungen für meine Hunde zu schaffen, sind sozusagen vierfach erschwert: Luise wünscht sich eine Art Eichhörnchen-Camp mit ein paar Wühlmäusen unter der Erde; Ida ist alles recht, solange in der Umgebung für möglichst viele tote Maulwürfe und Vögel, Igelkot, Kuhfladen und halbverweste Mäuse gesorgt ist. Was die Wetterverhältnisse betrifft, sind die Pudel ausgesprochen flexibel: Sonne lieben sie, Wind ist ihnen egal, Regen macht ihnen auch nichts aus, und Schnee betrachten sie als Geschenk der Natur, eigens dafür erfunden, dass sie Schneebälle fangen und einander in vollem Galopp jagen können und rennen und rennen und rennen im vollen Bewusstsein, wie unglaublich wundervoll die Welt ist. Theo möchte eine ruhige Umgebung ohne besondere gesellschaftliche Aktivitäten, mit seiner Schlaftasche im Windschatten und direktem Zugang zu einem Beet, Busch oder Baum, damit er ungestört den ganzen Tag schlafen und sich zwischendurch ohne großen Energieverlust erleichtern kann. Sonne ist erwünscht, solange die Temperaturen die 20 Grad nicht übersteigen, Regen kommt für ihn nicht infrage, und Schnee ist ebenfalls völlig indiskutabel: Man ist ja kein junger Hund mehr. Harry wäre eine Umgebung ohne fremde Menschen – oder Menschen überhaupt, abgesehen von mir und dem Mann – das Allerliebste, mit vielen Krähen, die gelangweilt auf riesigen Wiesen und Feldern herumsitzen und sich ausgiebig jagen lassen. Wettertechnisch ist ihm Sonne in allen Facetten recht, auch bis zu 35 Grad im Schatten. Dafür ist er absolut gegen Regen und Wind, der ihm in den Körper zu schneiden scheint und ihm die Spaziergänge absolut verleidet.

Mit meinen Hunden zu verreisen, ist so, als sei man mit einer Pauschalreisegruppe unterwegs: Es ist unmöglich, es allen recht zu machen. Also mache ich Ferien mit den Hunden am liebsten bei meinen Eltern. Ich fühle mich dort, genau wie meine Hunde, wie zu Hause und bei eventuellen Fauxpas' kann uns nicht gekündigt werden.

# 33

Meiner Mutter hatte ich noch nicht erzählt, dass ich einen neuen Hund habe – ich wollte mir mögliche Diskussionen aufsparen bis zu dem Moment, in dem sie das Beweisobjekt zu sehen bekäme („*Noch* einen Hund? Wieso brauchst du denn *noch* einen Hund?" – als wäre ich noch immer nicht alt genug, meine eigenen Entscheidungen zu treffen).

Meine Nachbarn beobachteten amüsiert, wie ich Decken, Kissen und tiefgefrorenes Hundefleisch ins Auto packte, Futternäpfe, Spielsachen und schließlich eine bescheidene, kleine Tasche für mich. „Wanderzirkus auf Reisen?", fragte jemand.

Zugfahren ist mit vier Hunden unmöglich, Fliegen würde mit rechtzeitigem Check-in und Hunde-in-Flugboxen-Verpacken fast so lange dauern wie die Fahrt nach München. Tatsächlich habe ich diese langen Autofahrten gern. Es lässt sich großartig grübeln auf solchen Strecken, ich höre dabei Hörbücher, die ich rezensieren muss, gondele durch die Landschaft und gehe, wenn ich müde werde, mit den Hunden irgendwo in Autobahnnähe spazieren. Ich bestimme das Tempo, ich bekomme mit, wie sich Landschaft, Licht und Klima verändern, je südlicher ich komme, und nebenbei teile ich mir mit meinen Hunden Raststätten-Burger. Was der wichtigste Grund sein mag, weshalb meine Hunde lange Autofahrten lieben.

Zu Hause angekommen, ließ ich die Hunde aus dem Auto, die begeistert meine Eltern, den Zaun, die Bäume und den Garten begrüßten. Harry saß aus persönlichen Sicherheitsgründen in einer großen Tasche.

„Hast du eine neue Handtasche?", fragte meine Mutter. „Sie ist zu groß für dich."

Harry schob periskopartig seinen Kopf heraus und drehte ihn in alle Richtungen. Meine Mutter zuckte nur kaum merklich mit einer Wimper.

„So, so", sagte sie, „wer ist denn das?"

Meine Mutter stellte erneut unter Beweis, dass sie das Zeug zur Heiligen hat. Nicht nur, dass sie es klaglos hinnimmt, dass ich immer wieder mit drei oder vier Hunden zu Besuch komme, die in der Vergangenheit verschiedentlich Teppiche angefressen haben und davon Durchfall bekamen, den sie gleichmäßig im Haus verteilten (Ida), Weihnachtsfonduefleisch gefressen (Luise), in den frischbezogenen Kinderbetten ihrer Enkel geschlafen (Luise) oder laut schnarchend ihre Schlafzimmertür zum Erzittern gebracht haben (Theo) – nun nahm sie auch noch hin, dass dieser neue Hund nicht stubenrein war, nicht angefasst werden durfte und man sich in seiner Nähe auch nicht ganz so schnell bewegen konnte wie sonst.

Tatsächlich machte Harry auf dem Land eine geradezu wundersame Wandlung durch. Offensichtlich war er im Grunde seines Herzens ein Landei: Er lief entspannt durch Wälder, Wiesen und Auen, spielte mit Cosimo, dem kleinen Hund meiner Mutter, und lag entspannt mit den anderen Hunden im Garten. Im Haus meiner Eltern hatte er nicht einmal so große Angst vor den vielen fremden Menschen, die hier ein und aus gingen, auch nicht vor der wundervollen, energischen Haushälterin, die den ganzen Tag im Galopp die Treppen hinauf- und hinunterrannte. Wahrscheinlich, weil er einfach genug Platz hatte, um eventuellen Fremden im nächsten Stockwerk aus dem Weg zu gehen. Er ließ sich nach wie vor von niemandem außer mir anfassen, aber immerhin begann er nach einer Woche, mit meiner Mutter vorsichtigen Kontakt aufzunehmen und sich abends neben sie aufs Sofa zu setzen – jedenfalls bis sie versuchte, ihn zu streicheln. Dann setzte er sich umgehend woanders hin, allerdings nicht mehr mit Panik im Blick, sondern nur mit Stirnrunzeln.

„Na und", sagte meine Trainer-Freundin Gaby, die mit der Betty-Ford-Klinik für Hunde, „er muss sich ja nicht von jedem anfassen lassen. Er hat eben eine sehr hohe Individualdistanz."

Das konnte man wohl sagen: Seine Individualdistanz, schätzte ich, betrug ca. 78 Meter – an guten Tagen. Interessanterweise fürchtete Harry sich nicht vor Kindern. Meine Nichte und mein Neffe konnten direkt neben ihm mit Holzbaggern, Schippen und sehr geschäftigen Geräuschen „Baustelle" spielen, und er sah nicht einmal richtig hin. Sobald ein Erwachsener durch den Garten schlenderte, stimmte er ein Geräusch an, das wie eine Mischung aus Martinshorn und Gejodel klang und sämtliche Nachbarn aus dem Haus trieb. Sein Bellen erschreckte ihn anfangs selber am meisten, dann begann er, Gefallen daran zu finden. Harry schien sich zu fragen, warum er eigentlich so lange gebraucht hatte, diese Tonart zu entdecken. Er war entschlossen, ein Künstler auf diesem Feld zu werden und mit viel Übung seinen Ausdruck zu perfektionieren. Seine Stimme würde sich von allen anderen unterscheiden!

Hatte er in der Stadt panische Angst vor großen Autos bewiesen, kläffte er begeistert die Kühe auf ihren Weiden an, und nach zwei Wochen begann er, auf den riesigen Wiesen mit unglaublichem Tempo Vögel zu jagen. Er machte den Eindruck, als fände er das Leben doch nicht so schlecht.

Weil Routine Hunden bekanntlich Sicherheit gibt, marschierten wir jeden Tag dieselbe Strecke durch eine schmale Straße, an ein paar Häusern vorbei, bis wir in den Feldern waren. Die Gegend war übersichtlich; Trecker, Fahrradfahrer, Kaninchen oder Rehe konnte man schon von Weitem sehen, also ließ meine hundertprozentige Aufmerksamkeit etwas nach; ich entspannte mich und plauderte mit meiner Mutter.

Bis ich plötzlich aus dem Augenwinkel etwas schemenhaft Weißes flitzen sah, als nächstes raste Luise um einen Zaun, und ich hörte Zeter- und Mordio-Gegacker: Ich rannte los – Ida, Theo und Harry aufgeregt bellend hinter mir her – und sah Luise zwischen lauter weißen Hühnern, die in alle Richtungen davonstoben und sich schließlich hinter einen Zaun retteten. Alle, bis auf einen gewaltigen Hahn, der vor Luise herrannte, offenbar zu schwer, um über den Zaun zu flattern. Mein Brüllen und Fluchen half nichts, Luise war viel zu sehr mit all den Federn beschäftigt und warf sich schließlich mit ihren ganzen 24 Kilo auf den Hahn, den sie nicht zu packen bekam, in ungefähr demselben Moment, als ich sie erreichte. Der prächtige, braun-weiße Hahn lag platt und mausetot auf dem Boden, die Hühner zeterten, und Luise guckte betreten. Ich konnte sie sogar verstehen: Wir waren an dieser Stelle in den vergangenen Wochen nie Hühnern begegnet, die nun auch noch verführerisch nah aufstoben. Das Ganze war so schnell gegangen, dass ich nicht einmal wirklich Zeit gehabt hatte, sie zu rufen, und weil es bei Hunden ja immer um den richtigen Moment ging, war ich einfach zu spät. Die Versuchung, diesen riesigen, laut gackernden Hahn zu packen, der genau vor ihrer Nase wegrannte, war einfach zu groß gewesen. Wäre ich ein Hund, ich hätte genauso gehandelt.

Meine Mutter hielt alle Hunde an der Leine, während ich an der Tür des kleinen Bauernhauses klingelte. Eine junge, dunkelhaarige Frau öffnete mir und sah mich streng an.

„Ja, bitte?", fragte sie.

Ich erzählte ihr kurz, dass mein Hund ihren Hahn umgebracht habe, was mir furchtbar leid tue, und fragte, was ich tun könne.

„Was?", schrie sie mich an. „Scho' wieda? Grad vor oam Monat erst hod a Hund a poar vo unsre Henna z'ammg'fressn, des war woi aa Ihrer!"

Nein, erklärte ich ganz ruhig, ich sei aus Berlin und noch gar nicht lange da.

„Bärlien? Dann san Sie des mit dene schwarz'n Tüt'n mit Hundekot, die überoi umanandalieg'n, oder?"

Es ist ein überregionales Phänomen, dass man als Hundebesitzer grundsätzlich für jeden einzelnen Hundehaufen im Umkreis von 20 Kilometern verantwortlich gemacht wird. Nein, versicherte ich, es liege mir ganz fern, schwarze Plastikkotbeutel am Wegrand zu deponieren. Ehrlich gesagt lasse ich die Hinterlassenschaften meiner Hunde in so ganz freier Natur einfach liegen; die Witterung erledigt das zusammen mit Nacktschnecken innerhalb von drei Tagen.

Dann fiel der Frau ihr Hahn wieder ein.

„Wie können Sie Ihre Hund' bei uns da frei laffa lass'n?", tobte sie.

„Es tut mir so leid, wirklich, ich gehe hier seit Ewigkeiten spazieren und habe Ihre Hühner noch nie vorher gesehen", versicherte ich.

„Des passiert an-dau-ernd!", fauchte sie. „Nur meistens schleich'n si' die Leut' dann sofort."

„Vielleicht wäre es ganz gut, ein Schild aufzustellen, auf dem ‚Vorsicht Hühner' steht, damit nichts ahnende Hundehalter gewarnt sind und die Hunde anleinen können", schlug ich sachte vor – blöde Idee.

„So weit kimmt's no!", fauchte die junge Bäuerin. „Mir sollert'n jetzt a no a Schuild aufstell'n, es san ja wohl Eanane Hund', die wo die Henna jag'n!" Dann rief sie ihren Mann. „Stell dir vor, derer Frau ihre Hund' ham den Gockel von der Oma gefress'n!", zeterte sie.

Ihr Mann kam in aller Ruhe zur Haustür.

„Es tut mir wirklich so leid, ich gehe hier andauernd spazieren. Hätte ich die Hühner jemals vorher gesehen, hätte ich die Hunde natürlich angeleint", beteuerte ich erneut.

„Ja, kammer nix machen", meinte der Ehemann stoisch.

Dies war ganz offensichtlich nicht die Reaktion, die seine Frau sich erhofft hatte.

„Jetzt genga'S mit mir mit und sag'n'S'es der Oma selber", verlangte sie bitter.

Sie navigierte mich über das Grundstück zu einem winzigen Häuschen im hinteren Teil und klopfte laut an eine Scheibe, die sich schließlich öffnete. Im Fenster erschien das schmale, bekopftuchte Gesicht einer sehr, sehr alten Frau.

„Oma, derer Frau ihr Hund hat deinen Gockel gefress'n!", sagte sie und wurde wieder ganz wütend.

„Wos?", rief die Alte. „Mein' Gockel hams g'fress'n? Derf i jetzt nachat Eahnan Hund derschlag'n?"

Ich murmelte, dass ich dies für eine etwas übertriebene Maßnahme hielte.

„Darf ich Ihnen den Hahn ersetzen?", fragte ich endlich, wohl wissend, dass Federvieh, das von Hunden umgebracht wird, grundsätzlich das Teuerste des ganzen Hofes ist. Meine alte kleine Bella hatte zweimal in ihrem fünfzehnjährigen Leben Hühner gerissen, und jedes Mal waren es natürlich die allerbesten Legehennen, die die Welt je gekannt hatte, im Wert von damals noch etwa hundert Mark. Pro Huhn.

„Sie kennan auf dem Markt an neien Gockel kaffa", meinte die junge Bäuerin. „Am Donnerstag ist der Mo mit de Henna wieder da. Vor der Raiffeisen."

„Ich fahre aber morgen wieder nach Berlin", sagte ich. „Könnte ich Ihnen einfach das Geld geben?"

„Naa", sagte sie. „I hob aa koa Zeit, auf'n Markt zum fahr'n. Des müss'n scho Sie macha."

Also musste ich meine Mutter bitten, am folgenden Donnerstag auf den Markt vor dem Raiffeisengebäude einen Hahn zu kaufen. Was sie auch tat: Hübsch in Twinset und Perlenkette, wie es ihre Art ist, erstand sie einen jungen Hahn, der sogar nur fünf Euro kostete, packte ihn in einem kleinen Karton auf den Rücksitz ihres schicken Golfs und übergab ihn der alten Bäuerin.

„Hoffentlich sind die nett zu dem Hahn", meinte sie hinterher zu mir am Telefon. „Die alte Bäuerin hat ihn erst einmal in die Waschküche gestellt. Im Karton. Das ist doch zu eng für ihn."

Ich beruhigte sie, die Leute hätten doch durchaus den Eindruck gemacht, als kennten sie sich mit Hühnern aus. Meine Mutter war sich da nicht so sicher und sorgte sich um den Junghahn. Wie gesagt: eine Heilige.

# 34

Zurück in Berlin freute sich Harry über den Mann, den er nicht vergessen hatte, wie ich selbst auch nicht, über die Wohnung und Kater Noah. Über die Straße war er genauso wenig glücklich wie vorher. Aus ihm würde kein Stadthund werden. All die Dinge, die Theo, Luise und Ida immerzu amüsieren – fremde Menschen, Kinder auf der Straße (zuverlässiger Quell von Keksen, Eis und Zwieback), Besuche in Cafés und Restaurants, Teile meines Frühstückscroissants im Park, Nachbarn im Hausflur, Besuche im Bioladen –, konnten Harry nicht erfreuen. Im Gegenteil, er fand sie furchtbar anstrengend.

Aber mir fiel es leichter, mit Harrys Unzulänglichkeiten umzugehen. Ich hatte ja nun ein bisschen Licht am Ende des Tunnels gesehen, wusste, dass tief in ihm wenigstens ansatzweise so etwas wie ein normaler Hund schlummerte.

Ich beschloss, es sei an der Zeit, das Leben wieder in normalere Bahnen zu lenken, und entwickelte ein neues Harry-Sozialisierungsprogramm. Wäre es nach ihm gegangen, hätten wir alle sozialen Kontakte umgehend beendet, und zwar ohne herzliches „auf Wiedersehen": Harry fand prinzipiell alle Leute grässlich und überflüssig und war der Meinung, sie hätten in unserer Wohnung nichts zu suchen. Dies entsprach den gegenteiligen Bedürfnissen der anderen Hunde, die Besuch lieben und grundsätzlich davon überzeugt sind, er sei eigens zu ihrem persönlichen Amüsement eingeladen worden.

Vor allem Luise ist in der Tiefe ihres Herzens eine Salonière nach Art einer Madame de Tecin, ständig an Austausch und Kommunikation interessiert, ohne sich selbst zu sehr in den

Vordergrund zu spielen. Sie agiert immer mit ruhiger Zuvorkommenheit, die ihre bürgerliche Erziehung verrät. Stets perfekte Gastgeberin, begrüßt sie alle Menschen an der Tür, begleitet sie ins Wohnzimmer und wartet geduldig, bis die Gäste sich gesetzt haben. Anschließend setzt sie sich ihrerseits wie beiläufig neben jede einzelne Person, legt ihren Kopf auf deren Knie und lässt sich so lange streicheln, wie die Gäste mögen. Wenn das Streicheln aufhört, wendet sie sich dem nächsten Gast zu. Sie hält dieses Ritual aufrecht, seit ich sie kenne. Auch Besuche beim Tierarzt betrachtet sie als gesellschaftliches Ereignis. Während Ida, Theo und Harry eher angespannt im Wartezimmer sitzen, begrüßt Luise artig die anderen Tierbesitzer, verschafft sich einen Überblick über die Tiere in den verschiedenen Transportkäfigen und motiviert andere Hunde zu kurzen Unterhaltungen. Ihre Fähigkeit, auf entspannte Art Aufmerksamkeit auf sich zu ziehen, ist großartig, und gleichzeitig beeindruckt mich ihr Talent, dabei immer die Distanz zu wahren. Ich teile diese Qualität leider nicht.

Um die Weiterbildung von Harrys Persönlichkeit zu gewährleisten, bezahlte ich ein neben uns wohnendes Studentenpaar dafür, dass es viermal am Tag in unsere Wohnung kam, kommentarlos um unseren Esstisch herummarschierte und ebenso beiläufig die Wohnung wieder verließ. Ich verwickelte unsere Paketbotin in ausführliche Gespräche, damit Harry die fremde Person hören und sehen konnte, die dabei aber keinerlei Anstalten machte, die Wohnung zu betreten. Ich nahm ihn an die Leine und ging mit ihm allein und ohne seine Sicherheitspudel ins Treppenhaus, und sobald er Angst zeigte, gingen wir ruhig zurück in die Wohnung. Jeden Tag kamen wir eine Stufe weiter. Genauso auf der Straße: Er gewöhnte sich an, direkt nach dem Verlassen der Haustür verzweifelt unser Auto zu suchen, das für ihn ein Hort der Sicherheit war – also parkte ich das Auto absichtlich ein paar Straßen weiter, damit er sich die Autosuchaufgabe wieder abgewöhnte und einigermaßen entspannt an der Leine ging, ohne zu ahnen, wo wir hin wollten.

Wir luden übersichtliche Besucher-Kleinstgruppen zu uns nach Hause ein, jeweils zwei, höchstens drei Personen, denen verboten wurde, Harry überhaupt nur anzusehen geschweige denn je den Versuch zu machen, ihn anzusprechen oder gar anzufassen. Langsam lernte Harry, fremden Besuch in der Wohnung zu akzeptieren, solange der sich an die Regeln hielt. Hatte allerdings jemand den Raum verlassen, um etwa aufs Klo zu gehen, bekam er bei dessen Rückkehr einen hysterischen Bell-Anfall – er hatte so sehr gehofft, derjenige hätte sich endlich verabschiedet, dass er es nicht fassen wollte, dass der Abend noch nicht zu Ende war.

Mit zunehmendem Selbstbewusstsein – wenn man es denn wirklich schon so nennen wollte – erklang Harrys Stimme immer häufiger, glockenhell und durchdringend. Er bellte, sobald ihm etwas komisch vorkam, sobald jemand die Wohnung betrat oder er übersehen hatte, dass noch jemand da war, den er kurzfristig vergessen hatte. Er wurde zum lebenden Bewegungsmelder. Theo hielt das für eine praktische Entwicklung, nachdem er selbst mittlerweile schlecht hörte und so einfach mitbellen konnte, heiser und ochsenfroschähnlich.

Mit dieser Rückendeckung begann Harry, sich in Haushaltsdinge einzumischen, die schon lange existiert hatten, bevor er überhaupt das Licht der Welt erblickt hatte. Der Staubsauger, der ihn bislang erstaunlich wenig beunruhigt hatte, wurde zum neuen Zielobjekt seiner Empörung. Er traute ihm nicht. Der Staubsauger blieb von seinem Gebell völlig unbeeindruckt, obwohl es doch offensichtlich war, dass er das Sofa, alle Hundebetten und die Hunde selbst fressen wollte. Harry raste todesmutig hinter dem Monstrum her und versuchte, es durch wütendes Gebell zu erschrecken. Er war fest davon überzeugt, dass der Staubsauger eine ernst zu nehmende Gefahr darstellte, und wenn man die Düse in seine Richtung schwenkte, um ihn zu vertreiben, war das für ihn der Beweis, dass wir mit dem Gerät kämpften. Die Strategie des Staubsaugers war ihm nicht ganz klar; er war sich aber sicher, dass sein Gebell, Gekläffe und Gedrohe dafür verantwortlich waren, dass das unheimliche Ding irgendwann aufgab und in der Kammer verschwand. Weshalb Harry jedes Mal, wenn die Tür der Kammer geöffnet wurde, eigentlich damit rechnete, dass der Staubsauger herausspringen und sich auf einen von uns oder die Hunde stürzen würde. Also beobachtete er die Kammertür sorgfältig: Er wollte keinesfalls zulassen, dass unser Haushalt weiterhin vom Staubsauger terrorisiert wurde.

# 35

Auf dem Land hatte Harry gelernt, dass Spaziergänge etwas Fabelhaftes sind. Im Viktoriapark ließ er bei bestimmten Hunden, denen wir immer wieder begegneten, langsam und vorsichtig so etwas wie Wiedersehensfreude erkennen. Eindeutig hatten es ihm andere Windhunde angetan wie Whippets oder Galgos. Offenbar erkannte er seine eigene Körperform wieder oder nahm sich einfach vor, irgendwann auch einmal so groß zu werden. Davon konnte in Wirklichkeit keine Rede sein. Im Grunewald begegneten wir einem sehr großen, sehr breiten Mann, der einen Großteil seiner Freizeit offensichtlich mit Krafttraining verbrachte. Bei Harrys Anblick sank er fast auf die Knie.

„O mein Gott", sagte er, und auch seine Freundin betrachtete Harry ganz besorgt, „was ist denn das? Ein 300-Gramm-Hund?"

Überhaupt zog Harry die Menschen magisch an, was sein 78-Meter-Individualdistanz-Motto empfindlich störte. Andauernd wollten Menschen ihn ansprechen, anfassen, sich zu ihm herunterbeugen, wollten wissen, wie er heiße, was er sei, und versuchten, ihn zu sich zu locken. Harry blieb eisern, und vor allem ich: Ich wollte ja, dass er merkte, dass Kontakt mit Menschen nicht jedes Mal gleichbedeutend war mit jemandem, der sich mit großer, vermeintlich drohender Geste über ihn beugte. Also gewöhnte ich mir eine Art Mantra an: Er wolle nicht angefasst werden, man dürfe ihn gerne ansprechen, aber solle nicht versuchen, ihn anzufassen, bitte. Was manche Leute sogleich erzürnte.

„Ich bin so etwas wie eine Hundeflüsterin", erklärte mir eine braungebrannte Dame mit langen, grauen Haaren und zwei Zwergschnauzern resolut. „Zu mir kommen alle Hunde."

Harry wich sofort zurück, und sogar Ida, die mein Kommunikationsgenie ist, guckte misstrauisch.

„Lassen Sie ihn einfach, er hat wirklich große Angst, er will mit Fremden einfach nichts zu tun haben", sagte ich ganz freundlich.

„Na, das wird ja auch nicht besser werden, wenn das Frauchen ihn in seiner Angst auch noch unterstützt", sagte die Dame schnippisch.

Ich seufzte, weil ich Unterhaltungen dieser Art und die dazugehörigen Erklärungen nun seit Monaten zu oft erlebte. In einer Großstadt lebt man nun einmal mit drei Millionen Fachgrößen zusammen.

„Vertrauen Sie mir einfach, dass ich meinen Hund besser kenne als Sie", sagte ich und ging weiter.

Der Mann grinste. „Wenn man deine Stimme hört, versteht man endlich, was das Wort ‚Klimawandel' bedeutet", sagte er.

Tatsächlich beeindruckt es mich immer wieder, wie Menschen jegliche natürliche Distanz verlieren, wenn sie einen Hund treffen, den sie nett finden. Einmal standen wir im Glienicker Volkspark vor der Orangerie, wo ich mit den Hunden an der Leine auf den Mann wartete, der im Inneren des Museums irgendeinen Prospekt besorgen wollte. Eine Frau trat auf uns zu, sagte: „Meine Güte! Königspudel! Die sieht man heutzutage ja gar nicht mehr!", und tätschelte ungefragt Idas Kopf. Ida, der freundlichste Hund der Welt, wich verwirrt zurück, ich machte einen Schritt zurück, weil die Frau mir einfach viel zu nahe gekommen war, und trat dann wieder auf sie zu, lächelte und tätschelte wiederum ihr den Kopf.

„Was machen Sie denn da?", fragte sie mich empört. „Ich kenne Sie ja gar nicht!"

Ich lächelte strahlend. „Eben. Sie haben das gleiche gerade bei meinem Hund gemacht. Oder sind Sie alte Freunde?"

Sollte sie doch denken, ich hätte nicht alle Tassen im Schrank. Beim nächsten Hund würde sie bestimmt fragen.

Als es kühler wurde, fing Harry an zu frieren. Windspiele haben kein Unterfell, kein Fett und nur wenig Körperoberfläche, weshalb sie bei Wind, Wetter und Kälte schnell anfangen, fürchterlich zu zittern – ein Anblick, den nur Menschen mit einem Herz aus Stein länger als viereinhalb Minuten aushalten können. Also bekam Harry einen sehr eleganten, grünen Kaschmirpullover mit Rollkragen von einer Freundin geschenkt, die derlei Dinge in einem Hundegeschäft in München erfolgreich verkauft. Das Lindgrün stand dem blau-weißen Harry ausnehmend gut. Als meine Mutter ein Foto von ihm sah, schrieb sie in einer E-Mail zurück: „Meine Güte – wenn Harry wieder zu Besuch kommt, was soll ich nur anziehen?" Mit verbessertem Körperklima rannte er bald wieder sehr gut gelaunt mit anderen Hunden um die Wette durch Parks und Wälder.

„Wozu braucht denn der Hund einen Pullover?", fragte uns ein übellauniger Herr mit einem Neufundländer, dem sein unglaublich dicker Pelz auch noch bei knapp acht Grad deutlich zu warm zu sein schien. „Wenn der sich mehr bewegen würde, würde er auch nicht frieren."

„Dafür, dass Windspiele so selten sind, trifft man eine Menge Experten", gab ich zickig zurück und stapfte weiter.

Als es noch kälter wurde, bekam Harry einen Anorak mit Fellkragen. Darunter trug er ein Hunde-T-Shirt, weil der Beinausschnitt ein wenig scheuerte, und erinnerte in diesem Outfit an ein Kind mit eigenwilligen Ohren in einem schlecht sitzenden Zorro-Kostüm. Er selber fand sich dabei unwiderstehlich, der Anorak verlieh ihm geradezu neues Selbstbewusstsein.

In Wirklichkeit war es das Testosteron, dass ihn taffer werden ließ: Harrys Pubertät war in vollem Gange. Verglichen mit seinen Anfängen, benahm er sich wie die Axt im Walde, entwickelte eine homosexuelle Obsession gegenüber Theo und dem Kater, kläffte im Park alles an, was am Tag davor nicht an dieser Stelle gestanden hatte, und wurde geradezu aufmüpfig. Es stellte sich heraus, dass Loyalität nicht seine stärkste Seite war. Ich verbrachte praktisch meine gesamte Zeit mit ihm, ging mit ihm spazieren, fütterte ihn, fuhr ihn durch die Gegend, sammelte seine Haufen auf, unterrichtete und amüsierte ihn. Man sollte meinen, dass reiche aus, um mich zum Zentrum seines Universums zu machen. Stattdessen betete er den Mann an. Sobald Harry ihn abends die Treppe hinaufkommen hörte, ließ er mich stehen oder liegen und rannte zur Tür, um den heimkehrenden Krieger zu begrüßen. Für den Rest des Abends hielt er Wache auf seinem Schoß, und wenn ich den Mann umarmte oder versuchte, mich zu unterhalten, schob Harry sich mit seinem mikroskopischen Kopf dazwischen.

„Schätzchen", sagte der Mann und kraulte meinem Rivalen den Bauch, „du stehst zwischen uns."

„Vielleicht muss Harry lernen, dass sein Platz auf dem Boden ist, wie für alle anderen Hunde auch?", meinte ich.

Eine völlig überflüssige Überlegung, das wusste ich selbst. Seit Hunderten von Jahren ist der Platz von Italienischen Windspielen auf dem Sofa, und keine Wagenladung voll Wiener Würstchen kann das rückgängig machen.

# 36

Theo, Ida und Luise nahmen es erstaunlich gelassen hin, dass der kleine periskopartige Hund einen so großen Teil unserer Aufmerksamkeit beanspruchte. Sie hatten einen Zustand des fast perfekten Kanidendaseins erreicht: Ihr wirkliches Genie bestand darin, nichts Besonderes mit großem Stil und Hingabe zu tun. Luise kümmerte sich um traditionelle Aufgaben ihrer Spezies wie das Verfolgen von Eichhörnchen oder Karnickeln, die anderen beiden wollten mit derlei nichts mehr zu tun haben. Sie hatten es sich zur Aufgabe gemacht, über die Lage der Welt zu reflektieren, den Nachbarskindern die Hände abzulecken und mich durch meine Lebensphase zu begleiten.

Falls sie das städtische gesellschaftliche Leben, das ihnen jetzt nur noch stark eingeschränkt widerfuhr, vermissten, ließen sie es sich nicht anmerken. Ich versuchte, es wieder gutzumachen, indem ich mit ihnen Flyball- oder Dogdance-Seminare besuchte – für den Mann endlose Gelegenheit, sich lustig zu machen.

„Operation Dance Sensation", sagte er. „Kann ich dann mit Luise endlich auf einen Ball gehen? Was lernen die Pudelmädchen denn dort? Foxtrott? Tango? So sexy, wie Ida immer beim Gehen mit der Hüfte schwingt, ist sie sicher ein Samba-Naturtalent."

In Wirklichkeit ist Dogdance eine Aneinanderreihung von Kunststücken, aus denen der geneigte Hundebesitzer dann eine Choreografie mit entsprechender Musik entwickelt. Mir ging es nur um die Kunststücke, die Ida mit großem Hurra lernte und auch heute noch ausführt: Sie hopst über ausgestreckte Beine, läuft im Slalom durch meine Beine hindurch, geht rückwärts, schiebt mit der Nase kleine Autos herum, kriecht auf dem Bauch unter Hindernissen hindurch und holt eine Packung Taschentücher, wenn man entsprechend dramatisch niest. Luise macht auch Kunststücke, aber deutlich selektiver. Auf Seminaren ist sie auffällig motivierter, wahrscheinlich, weil sie Publikum liebt. Wie Shirley Temple, die ihren Charme angeblich auch erst zu vollen Höhen auffuhr, wenn mindestens zwei andere Personen im Raum waren – einer war Begleitung, erst zwei galten als Publikum.

Harry war bei „Operation Dance Sensation" natürlich dabei, aber nur als passive Dekoration. Er saß in einem Körbchen, das ich mitgebracht hatte, und sah zu, wie seine Sicherheitspudel zusammen mit etwa 15 anderen Hunden in einer großen Tennishalle dummes Zeug lernten, während absolut niemand von ihm Notiz nahm – eine Tatsache, die ihn am zweiten Tag des Seminars dazu veranlasste, sich zu beteiligen. Übungen mit dem Clicker kannte er schon von zu Hause, und so hüpfte er nach ein paar Stunden elegant über meine ausgestreckten Arme, während ich kniete, rannte im Slalom um meine Beine und mit Begeisterung hinter den winzigen Würstchenstücken her, die es zur Belohnung gab.

Diese Kunststücke (nebst Spanischem Schritt, „Kuckuck!" und anderen Publikumsrennern) üben wir noch immer, aber während die anderen Hunde sie gerne nutzen, um unvermittelt auf Partys die anwesenden, völlig überraschten Gäste mit einem Medley an Kunststücken zu überraschen, zeigt Harry sie uns nur in der Abgeschiedenheit unseres Wohnzimmers und auch nur wenigen Auserwählten.

Obwohl auch Harry durchaus das Zeug zur Rampensau hat, wie sich bald herausstellte. Alle meine Hunde halten sich für Superstars; ich habe keine Ahnung, woran das liegt. Vielleicht wurden sie in der Vergangenheit einfach zu oft fotografiert.

Wenn ich ab und zu fürs Fernsehen interviewt werde, platzieren Theo, Ida und Luise sich grundsätzlich und von ganz alleine in unerhört telegenen Posen um mich herum. Bei Fototerminen schenkt Luise, die Nadja Auermann der Kaniden, dem jeweiligen Fotografen hochprofessionell dauernd ein neues Profil, ohne je ihre eingenommene Position zu verändern.

Luise hat sogar schon in einem Film mitgespielt – vielleicht hat dies ihren Divaismus noch verstärkt. In diesem Film sollte sie bei einem Kindergeburtstag auf einen Tisch springen und die Geburtstagstorte fressen. Es gibt eine alte Weisheit im Showbusiness: „Arbeite niemals mit Kindern oder Tieren." Dieser Film beinhaltete beides, 18 Kinder zwischen zwei und fünf und Luise. Sie war mit Abstand der professionellste Darsteller: Als der Moment kam, in dem sie die Geburtstagstorte fressen sollte, ließ sie es sich nicht zweimal sagen. Die Schwierigkeit war eher, sie dazu zu bewegen, damit wieder aufzuhören.

Harry dagegen nahm das erste Fernsehteam seines Lebens mit tiefer Bestürzung wahr. Es sollte ein Interview in unserer Wohnung werden, und ein relativ kleines Team aus zwei Kameraleuten, einer Redakteurin und einem vierten Menschen, dessen Aufgabe mir nicht klar wurde, stellte Scheinwerfer, Bildschirme und Kameras auf und verschob Möbel, um mich bestmöglich zu positionieren, wenn ich über Sinn und Unsinn sogenannter „Designermixe" räsonierte. Harry verschwand im Arbeitszimmer am entgegengesetzten Ende der Wohnung und blieb über eine Stunde verschwunden, während die anderen drei sich mit dem sicheren Instinkt von Kamera-Profis so in der Wohnung verteilten, dass sie alle im Hintergrund meines Bildes zu sehen waren. Theo nahm sogar seine gelbe Stoffente quer ins Maul, was für zusätzlichen Effekt sorgte und die Redakteurin zu Begeisterungsjuchzern hinriss.

Nachdem Harry nach einer Stunde beschlossen hatte, dass offensichtlich keinerlei Blutvergießen oder Kannibalismus im vorderen Teil der Wohnung stattfand, wagte er sich zu uns. Zuerst setzte er sich wie beiläufig in einen Hundekorb am Rande des Geschehens, und nachdem er die Situation eine weitere Viertelstunde scharf beobachtet hatte, strich er gazellenhaft in die Mitte des Wohnzimmers, um sich dort exakt in der Mitte des Scheinwerferlichts mit elegant gekreuzten Vorderläufen niederzulassen.

„Wo ist Fellini, wenn man ihn braucht?", gurrte die Redakteurin. Ich machte gute Miene dazu, dass mir meine Hunde ein weiteres Mal die Show gestohlen hatten.

Später beharrte ich darauf, dass es die Wärme der Lampe war, die Harry zu seiner Pose verleitet hatte, aber der Mann lachte nur spöttisch: „Ich bitte dich. Harry benimmt sich wie die anderen, er gehört jetzt wirklich dazu: Hollywoodstars ohne roten Teppich. Ich wette, sie halten uns auch nicht für die Alphas dieses Rudels, sondern für ihre Agenten."

Das schien auch das Ansinnen der Zeitschrift *Architectural Digest* zu unterstreichen, die Harry für ein Waschmittel fotografieren lassen wollte, durch das die empfindliche Hundenase auf dem frisch gewaschenen Hundekissen weniger gestört würde. Nur zur Information: Meine Hunde haben sich in all den Jahren noch nie daran gestört, wenn ihre Schlafplätze nach herkömmlichen Waschmitteln riechen. Im Gegenteil: Auch unsere frisch gewaschen duftende Bettwäsche scheint sie – verbotenerweise zwar – immer magisch anzuziehen.

Weil Harry nie ohne seine Sicherheitspudel irgendwo hinging, begleiteten Luise und Ida ihn zu diesem Termin. Theo sah währenddessen in der Redaktion nach dem Rechten. Im Fotostudio stand ein großes Designer-Körbchen – für Hundeprofis war auf den ersten Blick erkennbar, dass es zu sehr auf den menschlichen Geschmack und zu wenig auf die Schlafbedürfnisse von Hunden ausgerichtet war –, und Luise und Ida hielten es sofort für ihre Aufgabe, sich darin niederzulassen.

Nachdem sie daran gehindert wurden, stieg Harry in das Bett, legte sich genau in die Mitte des weichen, hellblauen Kissens und begann zu posieren. Im Sitzen blickte er nach rechts, dann nach links, dann leicht nach unten, dann von unten herauf, er legte sich hin, sah wieder nach rechts, heftete den Blick melancholisch in weite Ferne, legte den Kopf aufs Kissen, kreuzte die Vorderläufe – die Fotografin konnte gar nicht mehr aufhören zu fotografieren.

„Das ist ja phänomenal!", zwitscherte sie, „Macht der das häufig?"

Harry war einfach ein Naturtalent. Er, der es nicht aushalten konnte, wenn Fremde ihm zu nahe kamen, genoss es offensichtlich, aus angemessener Entfernung Mittelpunkt des Geschehens zu sein. Ida sah sich die Veranstaltung eine Weile an, dann griff sie ein: Sie legte sich zu Harry und warf sich in Pose, stupste ihn fürs Foto freundlich an, leckte ihm das Gesicht, und schließlich legten beide Hunde wie auf Kommando gleichzeitig ihre Köpfe flach auf das Kissen, sodass nur ihre Augen über den Rand des Designer-Getüms sichtbar waren. Die Fotografin und das Team waren geradezu ekstatisch. Ich dagegen bekam Zweifel: Was sollte ich davon halten, dass meine Hunde offensichtliche Medienhuren waren, die für ein bisschen zusätzliche Aufmerksamkeit zu allem bereit waren?

# 37

Harrys – wenn auch zaghaft – wachsende Selbstsicherheit brachte ihm bald ein neues Hobby ein: das Jagen von Fahrrädern im Park. Und zwar wählte er mit großer Verve vor allem solche aus, die für andere Hunde gar kein Thema gewesen wären, weil sie meilenweit entfernt und völlig unerreichbar schienen. Nicht so für den Windhauch, der plötzlich eine wundersame Verwandlung zu „Evil Harry" durchmachte. Er richtete einen starren Raubtierblick gen Horizont, stellte seine fischförmigen Ohren auf und schoss plötzlich los, flach und immer schneller und schneller werdend, vollkommen taub für meine Rufe. Wenn er die überraschten Radfahrer erreicht hatte, kläffte er ordinär. Ich lernte schnell, ihn rechtzeitig abzurufen – wenn ich innerhalb der ersten zehn Meter die Zähne auseinanderbekam, blieb er tatsächlich stehen. Hundebesitzer bekommen mit der Zeit nicht nur einen rosigeren Teint, sondern auch viel bessere Reflexe als Nichthundehalter. Ich überlegte kurz, ob ich ihm eine Gazelle kaufen sollte, um ihn artgerechter zu halten, verwarf die Idee aber bald: Huftiere sind ganz schlecht für Parkett. Und wir hatten ja auch schon genug Wildpark-Atmosphäre auf unserer Kreuzberger Etage.

Im Winter gab es weniger Fahrradfahrer, was die Spaziergänge für Harry möglicherweise fader, für mich aber deutlich entspannter machte. Aber er passte sich den jahreszeitspezifischen Sportarten an: Zu Hause bei meinen Eltern im tief verschneiten bayerischen Land stieg er darauf um, Langläufer zu jagen – die ihn glücklicherweise als nicht besonders gefährlich einschätzten und sich wenig um ihn kümmerten. Es gab sogar einzelne Langlauf-Skater, die sich mit ihm ein kleines Wettrennen lieferten, was natürlich völlig kontraproduktiv zu meinen Erziehungsbemühungen war. Aber Harry kam hechelnd und mit breitem Grinsen zurück, und das war es beinahe wert.

In Berlin wiederum dachte er sich etwas Anderes aus: In unserem kleinen Viktoriapark, in dem wir meistens morgens spazieren gehen, gibt es sowieso kaum Radfahrer, weil der Kreuzberg immerhin 60 Meter hoch ist, und das ist dem durchschnittlichen Berliner Radler zu anstrengend. Eines Morgens ging ich nichts ahnend und aus Rücksicht auf Theo relativ langsam so vor mich hin, da richteten sich Harrys Ohren plötzlich auf, während er konzentriert an den Horizont starrte. Von Weitem sah ich den Lastwagen der Gärtner zügig heranfahren. „Harry, sitz!", sagte ich. Harry setzte sich für eine Nanosekunde und schoss dann in einem selbstmörderischen 500-Meter-Lauf auf den Laster zu. Ich raste hinterher und brüllte: „Harry, komm!", aber er ließ sich von seinem Todeswunsch nicht abbringen. Glücklicherweise sah der Fahrer mich und bremste rechtzeitig ab, bevor er Harry beim Umkreisen seiner Beute plattfahren konnte wie eine Comicfigur. Harry kam stolz und hoch aufgerichtet zu mir zurückgetrabt, offenbar der Meinung, er habe den Park im Sinne der Allgemeinheit gegen allzu hohes Verkehrsaufkommen verteidigt. Ich hielt ihn am Halsband fest. Der Gärtner kurbelte das Fenster herunter.

„Ja, halten Sie ihn fest, besser isses", sagte er grinsend. „Nicht, dass der unsere Reifen zerfetzt."


Das Gute ist, dass der Berliner per se Hunde mag – vielleicht, weil sie eine gute Möglichkeit sind, jemanden anzusprechen oder einfach mal wieder einen Spruch loszuwerden. Im Winter gingen wir im Park von Sanssouci spazieren, die einzigen Lebewesen weit und breit. Luise beschäftigte sich mit den Wühlmäusen, Ida suchte grässliche Dinge, in denen es sich zu wälzen lohnte, Theo wackelte tapfer hinter uns her, und Harry schoss in gewaltigen Bögen im Anorak über die halbgefrorenen Wiesen und amüsierte sich mit den Krähen. Ich könnte schwören, dass Rabenvögel tatsächlich so etwas wie Humor besitzen. Haben Sie schon einmal gesehen, wie die wirklich mit Hunden spielen? Sie lassen sich aufscheuchen, fliegen dann eine Weile vor den Hunden her, biegen ab und fliegen tief und ganz knapp über den Hund, der begeistert hochspringt und nach ihnen schnappt, während die Krähen natürlich längst sicheren Abstand erreicht haben – um den Hund gleich wieder zu provozieren.

Wir betrachteten das Grab von Friedrich dem Großen vor der Terrasse in Sanssouci und die vielen kleinen Gräber seiner Windspiele, als ein Parkwächter auf uns zukam.

„Könnten Sie bitte die Hunde anleinen? Hier im Park herrscht Leinenpflicht."

„Aber es ist doch kein Mensch hier", bat ich. „Sie stören doch niemanden. Müssen die jetzt wirklich alle an die Leine?"

Der Parkwächter betrachtete die Hunde.

„Müssen sie. Wenigstens, bis ich da vorne um die Ecke gebogen bin." Dann sah er Harry an. „Ist das nicht ein Italienisches Windspiel?"

Ich bejahte.

„Sie wissen, dass der Alte Fritz ganz viele davon hatte?", fragte der Parkwächter.

Ich nickte abermals.

„Aber die waren viel größer", meinte der Mann, nachdem er Harry eingehend studiert hatte.

Ich widersprach: Windspiele hätten immer in etwa diese Größe gehabt.

„Aber auf den Gemälden im Schloss sind sie viel größer", meinte der Mann.

„Friedrich der Große war einfach viel kleiner als ich", sagte ich. „Er war nur 1,59 Meter groß, dadurch wirkten die Hunde im Verhältnis größer."

Wahrscheinlich waren sie, weil es ja die Hunde des Königs waren, von den Malern sogar etwas größer gemalt worden, als sie wirklich waren: Die Bologneser-ähnlichen Hündchen seiner Schwester Wilhelmine beispielsweise sehen auf den Gemälden so unglaublich klein aus, als seien sie Meerschweinchen – was dem Maler für echte Schoßhündchen offenbar edler und wünschenswerter erschien.

Der Parkwächter lächelte.

„Ein richtiges Windspiel", sagte er. „Dann darf der natürlich ohne Leine hier laufen. Er gehört hier ja sozusagen her, historisch."

Ich weiß nicht, ob so etwas in anderen Städten passiert. Meiner Erfahrung nach nicht. Ich finde die Idee auch schön, dass so etwas eben nur in und um Berlin herum geht.

# 38

Einmal sah ich einem kleinen Mädchen zu, das die Straße hinunterhüpfte, und fragte mich, wann ich eigentlich aufgehört hatte, meine Wege entlangzuhüpfen. Es ist ja nicht so, dass man eines Tages beschließt: Ab jetzt wird nicht mehr gehopst; man bemerkt erst Jahre später, dass man es irgendwie nicht mehr macht.

So ähnlich war es auch mit Harry: Auf einmal bemerkte ich, dass er aufgehört hatte, ein psychotischer Hund zu sein. Er ist immer noch ein ängstlicher Hund, der in unvorhergesehenen Situationen sehr schnell überfordert ist – aber er nimmt am Leben teil, er nimmt Besuch klaglos hin, sogar Handwerker. Auf dem Land bei meinen Eltern benimmt er sich wie ein völlig normaler Hund, kläfft zusammen mit den anderen am Zaun vorbeikommende Radfahrer an und tobt wie verrückt mit ihnen im Garten. Wenn die Sicherheitspudel dabei sind, legt er sich in Restaurants mittlerweile hin. Bei unserem Tierarzt schlief er neulich im Behandlungszimmer sogar ein, als die Untersuchung von Theo ihm zu lange dauerte. Und zwar an Ida angelehnt, den Kopf unter seine rechte Pfote gesteckt. So schläft er immer, wenn es irgendwo sehr hell ist; wahrscheinlich in Ermangelung einer Schlafbrille. Ist das vielleicht kein entspannter Hund? Oder ein sensationeller Tierarzt ... (Was er übrigens ist. Und auch phänomenal gut aussehend. Ich gebe die Telefonnummer trotzdem nicht bekannt, weil ich sonst noch länger im Wartezimmer sitzen muss.)

Menschen, die er schon einmal gesehen hat, begrüßt Harry mit aller gebotenen Freundlichkeit, die man bei ihm durchaus für außer Rand und Band geratenen Enthusiasmus halten darf. Schlüsselobjekt war offensichtlich unser grünes Samtsofa: Wer je darauf Platz nahm, gilt für Harry als Freund – was dementsprechend automatisch Gerichtsvollzieher, Vermieter oder Fahrradkuriere ausschließt –, den er liebevoll und ganz zart am Ohr leckt und sich manchmal gar entspannt danebenlegt. In manchen Fällen legt er sich sogar kuschelnd an oder auf den Besuch, was selbst die verhärtetsten aller Herzen sofort in Wackelpudding verwandelt. Luise, Ida und Theo haben es mit ihren offenen, gut gelaunten Aufmerksamkeitsbezeugungen nie geschafft, eine solche Seligkeit auf die Gesichter unserer Besucher zu zaubern. Harry ist der personifizierte Beweis der alten Regel: „Willst du gelten, mach dich selten." Wäre Harry ein Mensch, wäre er ein großartiger Liebhaber, aber wahrscheinlich wenig konfliktfähig, würde sich ständig entziehen und nie anrufen. Die Frauen wären scharenweise hinter ihm her. Und so was wohnt in meiner Wohnung?

Natürlich ist Harry immer noch unglaublich kapriziös, aber wahrscheinlich habe ich ihn dazu gemacht. So, wie ich von Luise annehme, sie sei mein besseres Selbst, glaubt Harry offenbar, er sei eines meiner Körperteile. Ich habe noch nie einen Hund erlebt, der die Körperkontaktsuche so ernst nimmt wie Harry. Er dockt sich buchstäblich am Körper fest, und zwar bei *allen* Temperaturen. So niedlich und angenehm es sein mag, eine graublaue Falt-Wärmflasche bei Minustemperaturen am Körper zu haben, so schweißtreibend ist dies, sobald die Außentemperatur über 26 Grad beträgt.

Er macht mittlerweile auch Agility – jeden Sonntagmorgen krieche ich zu nachtschlafender Zeit aus dem Bett, um viele Kilometer aufs Land in eine Hundeschule zu fahren, wo ich im Einzelunterricht meine Hunde dazu überrede, in möglichst rasendem Tempo über komplizierte Parcours zu pesen. Harry schafft gewöhnlich drei Hindernisse und verabschiedet sich dann kurz, um den Pudelmädchen, die am Zaun auf ihren Einsatz warten, herzlich um den Hals zu fallen. Ich rufe ihn zurück, wir fangen noch einmal von vorne an und schaffen diesmal vielleicht vier oder fünfeinhalb Hindernisse, und er rennt wieder zu den Pudeln, um ihnen zu versichern, wie sehr er an ihnen hängt.

Luise macht Agility nur, wenn ihr danach ist, überrascht uns dann aber mit Temperamentsausbrüchen. Sie liebt den Tunnel, den sie immer wieder und gerne auch mal kurz zwischendurch einbaut, aber sie macht nie mehr als dreimal mit. Danach wird ihr langweilig, egal, wie sehr ich ihr zuliebe den Affen mache. Ida dagegen ist ein Kracher, ein echter Agility-Superhund. Wenn ich mir nur die komplizierteren Parcours merken könnte! Mit zunehmender Vergreisung fällt es mir schwer, mir Hindernis-Abfolgen zu merken, die nicht einfach nur geradeaus und einmal rechts ablaufen. Sobald so etwas wie Hin und Her oder Wellen eingebaut werden oder ich gar erst rechts, beim Rückweg links am Tunnel vorbeirennen soll, scheitere ich kläglich. Zu dumm.

„Aber nein", sagt der Mann, „in deinem Kopf ist einfach zu viel drin. Deine Festplatte ist belegt mit nützlichen Dingen wie den kompletten Song-Texten der Ärzte vor 1989 oder den letzten 47 Gewinnern der Cruft's Dog Show. Irgendwann ist die Hirnkapazität eben ausgeschöpft."

Reizender Mensch. Deshalb darf er auch in meinem Bett schlafen.

# 39

Theo ist inzwischen zu einem alten Herrn von zwölfeinhalb Jahren geworden, was seine kleinen Befindlichkeiten verstärkt. Sein Interesse am Tagesprogramm hat sich mittlerweile auf ganz essentielle Dinge reduziert: „Essen oder Schlafen? Hmmm. Vielleicht mache ich mal eben ein Nickerchen und denke dabei darüber nach. Ja, ich glaube, so mache ich's." Er ist kerngesund, bis auf seine nachlassende Sehkraft, aber dafür unglaublich launisch.

Schon sein ganzes Leben versucht Theo, mir klarzumachen, er sei zum Salonhund geboren, sein Platz sei auf dem Sofa (bei uns für Hunde verboten) und gefüttert werden wolle er mit Zuckerbrot (bei uns gibt's Fleisch mit Gemüse). Keine Ahnung, woher er das hat, vielleicht wurde ihm als Welpe zu oft Wilhelm Busch vorgelesen. Wenn es nach ihm ginge, würde er gar nicht mehr spazieren gehen, nur einmal am Tag direkt zum Bioladen um die Ecke, wo er sich sein Stück Käse abholt, auf den Absätzen kehrtmacht und erstaunlich flink wieder nach Hause läuft.

Mittlerweile sehen wir bei unseren Spaziergängen so aus, als habe unser schon immer etwas grotesk anmutender Wanderzirkus eine Komiker-Einlage ins Programm aufgenommen: Theo geht so unglaublich langsam, dass es den Anschein hat, als sei ich sein Abschleppdienst. Zwischendurch zieht er energisch zu einem Baum, die ganze Truppe folgt geduldig – um festzustellen, dass Theo inzwischen vergessen hat, was er dort eigentlich wollte, und den Baum interessiert, aber ratlos anstarrt, als wisse der die Antwort.

Theo machte mich sein Leben lang für alles direkt verantwortlich, was nicht so klappte, wie er sich das vorstellte: Kälte,
Regen, Dunkelheit. Wenn ich heute bei solchen Wetterbedin-
gungen versuche, ihn zu einem Spaziergang zu bewegen, werde ich wütend angeschrieen. Er geht keinen Schritt mehr, wenn
es kalt ist: Das Leben scheint ihm erst ab plus zehn Grad erträg-
lich. Auf Anraten meines Tierarztes bekam er einen schicken,
schwarzen Parka gegen Nässe und Kälte – es hilft nichts. In
seinen Augen ist Hundebekleidung etwas für Chihuahuas und
eventuell noch für Windspiele, aber nichts für ihn. Er träumt
stattdessen von einem Kinderschlitten mit Schaffellsack. Nur
über meine Leiche. Außerdem ist es für meinen Frieden notwendig, dass er wenigstens ab und zu ein bisschen müde ist.

In seinem fortgeschrittenen Alter ist er neuerdings hingerissen von seiner eigenen Stimme. Er bellt absolut alles an:
einen Hund, der dreitausend Meilen entfernt irgendwo kläfft,
eine Tulpe, die sich in sanfter Brise wiegt, Schatten, Kinderstim-
men – was insofern lästig ist, als dass wir hinter einer Schule
wohnen – oder überhaupt alles, was *ungewöhnlich* klingt. Wenn
er erst einmal angefangen hat, hört er auch nicht mehr auf.
Wie der Duracell-Hase: weiter und weiter und weiter und weiter ... Ich dachte schon darüber nach, ob ich ihn zum Psychia-
ter bringen soll. Vielleicht hört er in seinem kleinen, runden
Kopf Stimmen, denen er ständig widersprechen muss?

Mit fremden Hunden will er eigentlich nichts mehr zu tun
haben, seine WG reicht ihm völlig. Außer er sieht oder hört
irgendwelche Hunde im Fernseher, woraufhin er brüllend vor
Wut erst auf den Fernseher losgeht und dann hinter das Gerät rennt, um die Eindringlinge zu vertreiben. Einmal wurde
*101 Dalmatiner* gesendet, aber wir mussten nach acht Minuten
umschalten, weil Theo fast einen hysterischen Anfall hatte.

Weil er kaum noch etwas sieht, lasse ich Theo nur noch
ungern von der Leine. Er dagegen findet es très déclassé, an der

Leine zu pieseln; lasse ich ihn allerdings los, bleibt er stehen, weil er mich nicht mehr sieht. Er bleibt auch stehen, wenn er keine Lust mehr hat oder etwas hört, was ihm komisch vorkommt. Ich mache inzwischen jeden Spaziergang mehrfach, weil ich immerzu hin- und herrenne – so, wie man das eigentlich von Hunden kennt. Aber sagt man nicht, dass Herr und Hund sich über die Jahre immer ähnlicher werden?

Theo hat es aufgegeben, uns morgens zu wecken – eine Aufgabe, die stattdessen Harry mit nuklearer Präzision übernommen hat. Bei den ersten Anzeichen von Tageslicht rekelt er sich zuerst, kriecht dann wie ein kleiner, warmer Silberfisch aus den Tiefen der Bettdecken nach oben und ringelt seine kleine Zunge in Ohren oder Nasenlöcher, schiebt seinen Kopf in die Mulde zwischen Kopf und Schulter, während er mit seinem langen, dünnen Schwanz so wedelt, dass jeder sonst im Bett Anwesende aufwachen *muss*. Anschließend hüpft er zur Schlafzimmertür, hinter der mittlerweile Luise und Ida stehen, und sobald sie Bewegung wahrnehmen, kommen auch Theo und der Kater anmarschiert. Bäuche werden gekrault und Harry gibt eine Runde Zungenküsse an alle Beteiligten aus. Theo niest morgens rituell und macht sich auch nichts daraus, seinen Liebsten – vor allem mir – direkt und sehr feucht ins Gesicht zu prusten.

Ich bin immer wieder hingerissen, wie unglaublich empathisch Hunde sind. Sie wissen ihre Rudelkumpel wirklich zu schätzen; sie achten aufeinander. Harry hat sich zu Theos Blindenhund entwickelt und holt ihn immer ab, wenn Theo irgendwo orientierungslos stehen bleibt. Der kleine Windhund darf immer noch bei allen im Korb schlafen und sich bei Luise und Noah sogar in die Bauchkuhle kuscheln. Ida säubert mit derselben Hingabe Harrys Bauch (er pieselt mit sehr sportlichem

Strahl, zieht aber manchmal den Bauch nicht genügend ein), mit der Harry die Ohren von Noah säubert und Luise das faltige Gesicht von Theo. Wenn einer der Hunde bedroht wirkt, kommen die anderen zu seiner Rettung. Wenn Harry sich bedrängt fühlt, stellt er sich zwischen meine Beine oder die von Luise oder Ida. Natürlich spielen sie auch so wild miteinander, dass die Knochen krachen, aber insgesamt ist ihr Umgang miteinander so ... liebevoll.

Und das sind die Momente, in denen ich merke, dass ich einfach nie mehr ohne Hunde leben könnte. "Now that I'm used to love, how can I stay alone", sang Elvis. So geht es mir auch. Wenn man sich erst einmal an Liebe gewöhnt hat – egal, welcher Art –, will man sie nicht mehr missen.

Ich kann mir keinen Tag ohne die weiche Schnauze eines Hundes auf meinem Bein vorstellen, das Geräusch, das Schlappohren beim Schütteln machen, das Hurra in den Gesichtern meiner Hunde jeden Morgen, wenn ich sie begrüße, weil es wieder Tag geworden ist und sie kaum fassen können, dass sie an ihm teilhaben dürfen. Meine Hunde sind mein Fenster in die ganz andere, einzigartige Welt, in der sie leben. Ich bin froh, dass ich dabei sein darf: Ich finde es noch immer und immer wieder unglaublich spannend und vergnüglich, sie sind meine Mitverschwörer bei jedem denkbaren Blödsinn, meine Beschützer, meine Tröster und meine Lehrer. Denn seit ich Hunde habe, weiß ich, dass es sich lohnt, immer ein paar Kuchenkrümel in der Hosentasche zu haben, will man wirklich uneigennützig geliebt werden.

**www.dogs-in-the-city.de**

## TRENDIG, HOCHWERTIG, LIFESTYLIG!

### Warum Hundekleidung?

Ältere Hunde mit Gelenkerkrankungen, Hunderassen ohne ausreichendes Unterfell oder Welpen, die in der kühleren Jahreszeit geboren werden: sie benötigen einen zusätzlichen Schutz vor Kälte, Nässe oder Wind. Gleichzeitig wird damit Nieren- und Erkältungskrankheiten vorgebeugt. Die Frage ist also nicht, ob der Hund Kleidung trägt, sondern welche! Daher bieten wir hochwertig verarbeitete, schicke Mode für Hunde an.

### Wohlfühl-Elemente

Bei unserer Hundemode legen wir sehr viel Wert auf optimale Passform und angenehmen Tragekomfort – Ihr Vierbeiner soll sich schließlich darin wohl fühlen! Wir arbeiten eng mit Tierexperten, Tierärzten und Tierpsychologen zusammen, um die Bekleidung den Ansprüchen und dem Wohlbefinden der Hunde individuell anzupassen.

Geschlossene Shirts verfügen beispielsweise über einen höheren Stretchanteil, was einen optimalen Tragekomfort garantiert. Die Wind & Wetter Mäntel der Street Suit Collection haben verstellbare Verschlüsse an Bauch und Hals und bieten einen breiten Bauchschutz.

Alle Bekleidungsstücke sind natürlich aus weichem, pflegeleichtem und anpassungsfähigem Material und waschbar.

**Für jede Größe etwas dabei**

Unsere Modelle gibt es für ganz kleine Größen (XS) bis zum Großformat (3XL). Wir beraten Sie hierzu gern und professionell – vor Ort oder auch per E-Mail.

Auch Spezialfälle kommen bei uns nicht zu kurz: Für Mopsfreunde bieten wir sogar zwei unterschiedliche Mops-Capes an.

### Rundum stylisch – Unsere Kollektionen im Überblick

Mit unserer *Street Suit Collection* rüsten wir Ihren Liebling speziell für die kühlen Tage im Jahr. Mäntel und Capes aus strapazierfähigem Obermaterial mit kuscheligem Fleece-Futter bieten Ihrem Hund angenehmen Schutz vor Regen und Kälte.

Witzige Shirts und Kapuzenpullover finden Sie in der *Fit & Fun Collection*.

Mit der *Hund & Halter Collection* werden Sie und Ihr Hund zum perfekt gestylten Team – egal ob mit der Schal-Kombi aus feiner Merinowolle im Winter oder kühl-bequemen Shirts im Sommer.

Unsere neueste *Relax Collection* bietet hochwertig verarbeitete Hundekissen und Plaids in edlen Trend-Farben wie Pflaume oder Anthrazit – sie überzeugen durch exklusives Design und hochwertige Verarbeitung. Als besonderes Detail können sie individuell bestickt werden, mit liebevollen Slogans wie „Faulpelz" oder auch dem Hundenamen.

Unsere Linie *Accessoires* bietet originell Praktisches für den Hundealltag – ideengebend waren Leckerlibeutel mit Kordelzug, in denen man z. B. Belohnungen oder die Leine beim Spaziergang aufbewahren kann.

Die Beutel sind passend zu unserer Hundemodelinie gestaltet.

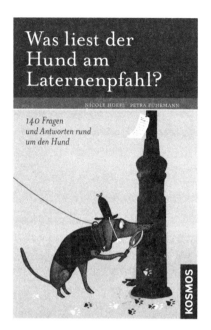

Hoefs / Führmann
**Was liest der Hund am Laternenpfahl**
*140 Fragen und Antworten rund um den Hund*

€/D 12,95; €/A 13,40; sFr 24,90
ISBN 978-3-440-11063-8

„*Der Reiz des Buches besteht natürlich auch darin, dass man nach der Lektüre Geschichten erzählen kann, die verblüffen.*"

FAZ

Warum beißen Hunde so gern ins Gras? Können sie Ärger riechen? Haben gähnende Hunde zu wenig Schlaf? Und warum gräbt mein Vierbeiner den ganzen Garten um? Amüsant und mit Schalk im Nacken wird aufgedeckt, was Hundefreunde schon immer wissen wollten – ob kurios, erstaunlich oder überraschend alltäglich.

**www.kosmos.de**

*Christine Brügge*
**Und dann kam Luna**
Mehr als eine Hundegeschichte
Frech, witzig, feinsinnig und klug

€/D 14,95; €/A 15,40; sFr 27,90
ISBN 978-3-440-11672-2

**Schmunzeln garantiert.
Stoßseufzer ebenfalls!**

Als Christine Brügge (seit jeher auf den Hund gekommen) und ihr Mann (tierisch unerfahren) auf die eigenwillige Hündin Luna treffen, brechen turbulente Zeiten an und liefern den Stoff für ein Buch, das mit hinreißendem Charme und pointiertem Humor jedem Hundebesitzer aus der Seele spricht. Von der Komik der Verzweiflung, wenn nichts so funktioniert, wie es soll, bis zur erstaunlichen Macht der Liebe zwischen zwei Menschen und einem Hund.

www.lunas-seite.de
www.kosmos.de

Sabine Winkler (Hrsg.)
**Kosmos Handbuch Hund**
*Rassen, Haltung, Erziehung, Beschäftigung, Gesundheit*

€/D 19,95; €/A 20,60; sFr 36,90
ISBN 978-3-440-10960-1

**Kompetentes Wissen für Hundefreunde und Hundekenner.**

Dieses Praxisbuch begleitet Sie ein Hundeleben lang kompetent durch dick und dünn und bietet Antwort auf alle Fragen: Wie man den Hund artgerecht hält und pflegt, sinnvoll beschäftigt und sanft erzieht. Im Rasseteil werden die beliebtesten Hunderassen porträtiert. Natürlich erfahren Sie auch alles Wichtige über das Hundeverhalten und die natürlichen Bedürfnisse des Hundes und wie man mögliche Probleme lösen kann.

www.kosmos.de